느린 학습자와 함께하는 국어 수업

말하기에서 쓰기로 넘어가는 교실

느린 학습자와 함께하는 국어 수업

한희정 지음

우리학교

1학년 교실에서 실천한 다사다난한 수업 연구의 기록

"희정아, 너는 꼭 초등학교 선생님이 되어라."

제가 중학교 2학년 때 돌아가신 증조할머니께서 늘 주문처럼 외우던 말씀입니다. 언제나 "네." 하고 대답했지만 이미 커 버린 고등학생 시절에는 다른 길을 가겠다는 의지를 키우기도 했지요. 1990년대 중반 자의 반 타의 반으로 교대에 입학했습니다. 지루했지만 찬란했고, 시시했지만 열정을 잃지 않았고, 고뇌했지만 희망을 놓을 수 없는 다양한 관계 속에서 학부 시절을 보냈습니다.

미래에서 온 사람, 비고츠키?

대학 시절 아동발달학을 강의하던 악명 높은 교수님 덕에 교재를 거의 베껴 써야 할 정도로 강도 높은 과제에 시달리면서 레프 비고츠키Lev Vygotsky라는 러시아 심리학자를 만나게 됐습니다. 처음에는 별다른 감흥을 느끼지 못했지요. 여러 아동심리 이론가 중 한 명이었고, 비고츠키에 대한 이해 역시 낮은 수준으로 진술되어 있었거든요. 지금도 그렇겠지만 당시는 스위스 심리학자 장 피아제의 전조작기(2~6세. 외부 세계를 인지하지만 인지적 조작은 불가능함), 구체적 조작기(6~12세. 구체물을 이용한 인지 활동과 논리적 이해가 가능한 단계), 형식적 조작기(12세 이후. 인지적 추론 능력이 발달해 구체물이 없어도 논리적 이해와 문제 해결이 가능한 시기)를 경전 삼아 달달 외던 시절이었기 때문입니다.

비고츠키를 다시 만난 것은 교단에 선 이후인 2006년이었어요. 수준별 교육과정을 표방했던 7차 교육과정의 근간이 비고츠키의 사회적 구성주의에 있다는 것을 비판적으로 검토하는 자리였지요. 초등 교육과정 모임 선생님들과 밤새는 줄 모르고 이야기를 나누던 그날의 잔상이 떠오르네요. 비고츠키를 비판하기 위해 비고츠키를 찾아 읽었는데, 비고츠키의 이론이야말로 우리가 생각하는 교육적 실천의 핵심이 될 대단한 이론이라는 열변을 토하던 한 선생님을 잊을 수 없습니다.

그렇게 비고츠키에 관한 공부가 다시 시작되었지요. 당시 한국에 소개된 비고츠키 관련 도서를 읽고 해외 논문을 찾아 읽으며 근접 발달 영역ZPD에 따라 나오는 신형성neoformation이 도대체 무엇인지, 왜 근접 발달 영역이 발달의 다음 영역이 되는 건지, 우리에게 너무나 익숙한 그의 비계 설정scaffolding 개념은 왜 여기서는 거의 언급되지 않는지, 해결하지 못한 질문이 꼬리에 꼬리를 이어 나오는 시절이었습니다.

2009년 비고츠키가 쓴 『생각과 말』의 초벌 번역을 일부 돕는 일을 했습니다. 비고츠키가 죽기 직전까지 기술한 이 책은 심리학, 언어학, 교육학, 신경과학과 인지과학에 지대한 영향을 준 역작입니다. 문단 전체가 한 문장인 난해한 영문을 읽다가 헷갈려서 문단 번호라도 붙이면 좋겠다고 제안했던 게 인연이 되어 비고츠키 연구회와 함께하게 되었고, 2011년부터 우리말로 번역된 비고츠키 선집 2권 『도구와 기호』 번역에 참여하게 되었습니다. 당시 서울교대 영어교육과에 재직 중이던 데이비드 켈로그 교수님 연구실에 토요일마다 모여 각자 번역해 온 문단을 대조하며 읽고 수정하던 기억이 선명합니다. 그 작업을 온라인 화상 회의로 지금도 계속하고 있지요. 이런 과정을 거쳐 비고츠키 원전을 우리말로 번역한 책을 해마다 한 권씩 내 이제껏 14권을 출판했고, 2024년 현재도 또 한 권의 명저인 『심리학의 역사적 위기』를 번역하는 중입니다.

그렇게 10년 넘는 세월이 훌쩍 흘렀습니다. 비고츠키를 읽어 가는 작업은 쉽지 않았습니다. 가볍지도 않았습니다. 그 깊이에 압도되기도 하였습니다. 이제 조금 알 것 같은데, 하면 다시 새로운 세계가 펼쳐지는 숨바꼭질의 연속이었습니다. 그런데도 분명한 것은 교실에서 만나는 다양한 아이들의 말과 행동, 학습의 특성을 설명할 수 있는 근거를 비고츠키에서 충분히 찾을 수 있었다는 것이지요.

2012년 서울형 혁신학교에서 저는 1학년 담임 교사가 되었습니다. 그동안 공부했던 비고츠키 이론을 1학년 교육과정에 적용하는 실험을 계속할 수 있던 시간이었지요. 하나의 활동을 한다면 그 활동의 근거를 비고츠키에서 찾아서 설명하는 방식으로 구안했습니다. 그렇게 쌓인 경험과 시행착오를 모아, 2019년에 『초등학교 1학년 열두 달 이야기: 교사와 학부모를 위한 교실 생태계 안내』라는 책을 썼습니다. 초등학교 입학을 준비하는 학부모와 1학년 담임을 하게 된 선생님을 위한 내용으로, 1학년 교육 활동 전반을 아우르는 내용이었지요.

또한 학교에서 경험하고 실천했던 활동을 논문으로 정리해 보자는 마음으로 2018년에 교육학과 박사과정에도 입학했습니다. 2022년에는 「배움이 느린 학습자를 위한 이행적 쓰기 프로그램 개발 및 적용

에 관한 실행 연구: 비고츠키 아동학을 기반으로」라는 논문으로 박사학위를 받게 되었지요.

이 책은 이 모든 과정을 거쳐서 나온 제 박사 학위 논문을 다시 진술한 작업인 동시에, 『초등학교 1학년 열두 달 이야기』라는 총론에서 분화된 '1학년 쓰기 교육' 각론이라 할 수 있습니다. 비고츠키의 아동학을 토대로 하되 지금 여기, 우리의 말로 재진술하며 1학년 교실에서 실천했던 다사다난한 현장 연구의 기록물이지요.

비고츠키는 '오늘의 나'는 나를 둘러싼 모든 사회적, 역사적, 개인적 관계의 산물이라고 말합니다. 비고츠키가 저에게 '어제의 가르침으로, 또한 오늘의 배움을' 이어 갈 수 있게 해 준 어제의 스승이라면, '오늘의 가르침을 내일의 배움으로' 깨닫게 해 준 미래의 스승은 우리 반, 우리 교실의 모든 학생입니다. 그 길에 함께한 벗들이 없었다면 이 책은 빛을 보지 못했을 것입니다.

교육의 시대적 의미를 치열하게 고민했던

비고츠키를 기억하며,

2024년 가을 한희정

차례

초등학교 1학년 문해력 달력

3월 – 매일 하는 말에서 소릿값 찾기

- 모음부터 자음까지 하루에 하나씩 소릿값 찾아보기
- 소릿값을 문자로 나타내는 약속 익히기

4월 – 자음과 모음으로 글자 만들기

- 자음이 모음을 만나 글자가 되는 이야기
- 글자가 받침을 만나 소리가 달라지는 이야기
- 모르는 글자는 낱말 수첩 사용하기
- 말이 글로 변신하는 이야기(주말 이야기 활동)

5월 – 글자를 모아 낱말 만들기

- 한 글자 낱말, 두 글자 낱말, 세 글자 낱말. 세상은 낱말 천지!
- 내가 모르는 낱말, 낱말 수첩에 모으기
- 매일 10분 소리 내어 책읽기
- 여러 가지 노랫말 함께 소리 내어 읽기

6월 – 함께 겪은 일 문장으로 말하기

- 겪은 일에 관한 소감 말하기
- 그림/사진 보고 문장 말하기
- 친구가 말한 문장 함께 읽기

7월과 8월 문장 함께 쓰기

- 겪은 일 문장으로 말하기
- 낱말 수첩 도움을 받아 문장 쓰기
- 문장 모아 글쓰기

9월 - 그림 없는 글쓰기 도전!

- 주어진 주제에 관해 생각하기
- 주제 문장 말하기
- 말한 내용을 글로 쓰기

10월 - 삶을 가꾸는 글쓰기

- 오늘 있었던 일 생각하기
- 떠올린 내용을 글로 쓰기
- 필요하면 낱말 수첩 도움 받기

11월 - 언제 어디서든 기록하기

- 기억하고 싶은 일이 있을 때 포착하기
- 사진이나 영상으로 기록하기
- 다양한 매체로 글쓰기

12월 - 글쓰기 기록으로 한 해 돌아보기

- 친구의 글쓰기 공책 읽어 보기
- 내 글쓰기 기록 읽어 보기
- 자기 평가 글쓰기

1월과 2월 놀면서 공부하기

- 끝말 잇기, 스무고개 놀이
- 문장 이어서 이야기 만들기
- 나만의 문집 만들기

모두의 발달을 지원하는 교실

어린이 발달과 언어의 문제

사람이 태어나 언어를 배운다는 것은 사람다움을 이루어 가는 과정입니다. 레프 비고츠키는 '언어는 인간을 인간답게 해 주는 심리적 도구'이며, 어린이의 언어 발달은 신체, 인지, 정서 발달 전반과 연결된 총체적 과정이면서 인격 형성의 과정이라고 말합니다. 성장과 발달을 통한 인격 형성의 과정에서 말이 지닌 힘은 참 크지요. 긍정적인 말, 격려하는 말, 부정적인 말, 비난하는 말은 그 말의 소릿값 자체에 힘이 있는 것이 아니라, 그 말의 '의미'를 내면화하는 정신 작용에서 힘을 갖게 됩니다.

인간 발달에서 말과 생각은 각각 출발하지만, 사회적 상호작용 속에서 말을 학습함에 따라 '말로 하는 생각'이 출현하고 '말'과 '생각'이 통합됩니다. 즉, 말이 생각의 도구가 되는 과정입니다. 이 과정을 비고츠키는 외적 말하기(의사소통적 말하기), 혼잣말하기(자기 자신과 대화하기), 내적 말하기(마음속으로 생각하기)로 정리했습니다.

이 과정은 단계적으로 나타났다 사라지는 것이 아니라 중층적으로 쌓이게 됩니다. 의사소통적 말하기는 인간이 사회생활을 하는 데 가장 근간이 되는 토대로 평생 사용되지요. 혼잣말하기는 외적 말하기에서 내적 말하기로 이행하는 과정에서 나타나는 현상으로, 나타났다 사라지지만 영원히 사라지는 것은 아닙니다. 빙산의 일각처럼 솟아난 내적 말하기 능력은 '인간'임을 보여 주는 전두엽 발달의 일반적인 징표예요.

어른이 된 우리는 이미 충분히 내적 말하기가 가능한 상황이지만, 너무 정신이 없거나 당황스러울 때 나도 모르게 혼잣말을 중얼거립니다. 상황 맥락이 '내적 말하기'라는 고도의 인지적 과업을 수행하지 못한다는 방증이기도 합니다.

그렇다면 인간 발달에서 내적 말하기는 언제쯤 나타나기 시작할까요? 비고츠키는 만 6세에서 7세, 비고츠키 용어로는 '7세의 위기' 때 나타난다고 합니다. 나 자신과 마음속으로 대화할 수 있는 능력은 마음속으로 생각한다는 것입니다. 마음속으로 생각한다는 것은 상황과 맥락을 조망하고, 어떤 일이 일어날 거라고 예측하고 행동할 수 있다는 것입니다. 즉, 나 자신을 타자의 시선과 맥락에서 바라볼 수 있게 된다는 거예요. 내적 말하기는 바로 메타 인지의 출발이 됩니다.

맥락적 이해는 왜 중요할까?

비고츠키의 근접 발달 영역은 미국 심리학자 제롬 브루너Jorome Bruner의 비계 은유로 널리 알려진 개념입니다. 그러나 비고츠키가 의미했던 근접 발달 영역은 단순히 한 차시나 한 단원 수준이 아니라 연령기별 수준을 의미한 거예요(Han & Kellogg, 2019).

옆의 표를 보면 초등학교 1학년에 입학하는 만 6세의 개똥이, 소똥이, 말똥이는 서로 다른 발달 수준을 보여 줍니다. 개똥이의 실제적 발달 영역은 전 학령기, 소똥이는 7세의 위기와 초기 학령기, 말똥이는 중기 학령기에 있어요. 근접 발달 영역은 바로 그다음 연령기를 말해요.

소똥이는 우리가 일반적으로 가정하는 1학년 학생들의 특징을 보여 줍니다. 말똥이는 1학년 이상의 학습 능력이나 발달 수준을 보여 주고, 개똥이는 여전히 전 학령기 수준에 머물러 있습니다. 1학년 교

연령기	초기 유년기 (약 1~3세)	3세의 위기 (약 3세)	전 학령기 (약 4~7세)	7세의 위기 (약 7세)	초기 학령기 (약 7~8세)	중기 학령기 (7~8세 이후)
개인별 과업		개똥이 ➡		소똥이 ➡		말똥이

• 개똥이, 소똥이, 말똥이의 근접 발달 영역 •

실 아이들의 말과 행동적 특성을 관찰하고 세 가지로 범주화해 보면 각각의 아이들을 어떻게 지원해 주어야 할지 어느 정도 감이 잡힙니다. 개똥이는 전 학령기를 넘어 7세의 위기에 진입해야 하고, 소똥이는 7세의 위기를 넘어 초기 학령기에 진입해야 합니다. 그걸 어떻게 진단할 수 있을까요? 비고츠키는 아이들의 말과 행동을 보고 진단할 수 있다고 이야기합니다.

보통 1학년 아이들은 친구들 앞에서 개다리춤을 추거나 요상한 행동을 하는 것을 부끄러워하지 않습니다. 이것은 '대담'하기 때문이 아니라, '타자'의 시선을 의식하지 못하기 때문일 가능성이 크지요. 가족 모임을 하는데 지난 달까지도 할아버지, 할머니 앞에서 노래 부르고 춤추는 것을 부끄러워하지 않던 아이가 어느 날 갑자기 "안 할래요." 하고 숨을 때가 있습니다. 그때 그 아이는 퇴행한 것이 아니라 '타자'의 시선을 의식하게 되고, 그런 상황을 이해하고 파악하게 된 것이니 7세의 위기를 잘 넘어가고 있는 중이라고 보면 됩니다.

이런 모습은 아이들이 '나'라는 심리적 개념을 형성하고 있다는 징후예요. 이상하게 걷거나 행동하는 이유는 아직 '외적인 시선(타자의 맥락)'을 인식하지 못하기 때문입니다. 아이들은 나의 밖에서 나를 보는 시선을 인식하지 못합니다. 상황이나 분위기를 고려하지 않는 행동이나 말 역시 나의 맥락 밖에서 지금 상황을 인식하지 못하기 때문이에요. 비논리적인 뻥튀기 역시 내 말을 타자가 어떻게 생각할지에 대해 전혀 생각하지 않기 때문에 나타나는 거지요.

너의 그런 행동이 어떻게 보일지, 너의 그런 웃음과 말이, 너의 그런 뻥튀기가 선생님이 보기에, 엄마가 보기에, 아빠가 보기에 어떻게 보이는지 아이들에게 차근차근 알려 줘야 합니다. 나의 맥락만 있는 것이 아니라 수많은 타자의 맥락이 있다는 것을 알려 주어야 해요. 너는 그렇게 생각하겠지만 누구는 이렇게 생각할 수 있고, 누구는 저렇게 생각할 수 있다는 것을 말해 주어야 합니다. 이것이 일곱 살의 위기를 건너가도록 도와주는 핵심이며, 생각과 말, 행동에 지성(인식)의 층을 끼워 넣는 과정이에요.

쉬는 시간, 화장실에 갔던 개똥이가 교실에 들어오면서 이렇게 말합니다.

"선생님, 소똥이가 나한테 물 뿌렸어요."

"아니, 나는 물 안 뿌렸어요."

다툼이 일어났을 때 1학년 교실에서 사실을 파악하는 일이 쉽지 않습니다. 각자 자기 맥락에서 인지하기 때문이죠. 누구는 했다, 누구는 안 했다고 서로 다툴 때 교사는 이야기를 조합하여 전체적인 맥락 속에서 파악해야 합니다.

이 상황에서 교사는 개똥이와 소똥이에게 각자가 겪는 맥락이 다름을 일반화해서 가르쳐 주어야 합니다. 내가 의도하지 않은 행동이 다른 사람에게는 피해가 될 수 있다는 것, 상대방이 의도를 갖고 어떤 행위를 했을 거라는 단정을 하면 안 된다는 것을요. 이것이 체험의 공동 일반화입니다. 내 맥락에서의 체험을 너의 맥락에서도 이해할 수 있게 전체적인 맥락을 조망해서 함께 이해할 수 있는 수준으로 확장하는 것이지요.

문해력은 발달할 수 있다

우리가 국어 교육에 대해 논의할 때 말의 양태와 기능에 따라 두 범주로 나눕니다. 말의 양태에 따라 입말과 글말 교육으로 나누는데, 듣기와 말하기를 입말 교육으로, 읽기와 쓰기를 글말 교육으로 봅니다. 그다음은 말의 기능에 따라 듣기와 읽기를 이해 영역으로, 말하기와 쓰기를 표현 영역으로 나누고요.

	입말	글말
이해	듣기	읽기
표현	말하기	쓰기

• 말의 양태와 기능에 따른 분류 •

그러나 학교를 비롯한 초기 문해력 교육 현장에는 '글말'에 대한 압박이 상당합니다. 그러다 보니 읽기와 쓰기 교육이 과하게 강조되면서 듣기와 말하기 교육에 소홀해지거나, 읽기와 쓰기가 안 되면 학교 교육 활동에 거의 참여하지 못하고 소외되는 현상을 빚어내기도 하지요. 말똥이는 아무런 문제 없이 심지어 시시하다고 생각하며 교과 활동에 참여할 것이고, 소똥이는 어렵지만 조금씩 따라갈 수 있을 겁니다. 그러나 개똥이는 따라가지 못하고 놓아 버릴 수 있습니다.

읽기 발달에 관한 무수한 연구가 있습니다. 어린이의 읽기 발달 단계를 보면 ① 그림이나 그림책을 보며 무작위적으로 이야기를 만들어 냅니다. 여러 보호자가 그림책을 읽어 주는 경험을 모방하는 단계예요. 그러다가 ② 누군가 읽어 준 그림책 내용을 기억하며 비슷하게 꾸며 읽거나, 그림을 보면서 의미를 유추해서 읽는 단계로 넘어갑니다. 그 후 ③ 글자를 읽으며 어떤 글자가 어떤 소리가 난다는 것을 지각하면서 소릿값과 글자를 대응시켜야 한다는 것을 이해합니다. 그러면 소릿값과 자모음자를 기계적으로 대응하며 읽기 시작합니다. 이렇게 읽기에 숙달하면 글자대로 소리 나지 않는다는 걸 알게 되고, 이를 수정하며 읽는 ④ 자동화된 읽기 단계로 나아가고, 필요에 따라 선택적으로 읽을 수 있는 ⑤ 기능적 읽기 단계로 넘어갑니다. 이를 표로 정리하면 다음과 같습니다.

연령기	초기 유년기 (약 1~3세)	3세의 위기 (약 3세)	전 학령기 (약 4~7세)	7세의 위기 (약 7세)	초기 학령기 (약 7~8세)	중기 학령기 (7~8세 이후)
개인별 과업		개똥이 ➡		소똥이 ➡		말똥이
듣기 ↓ 읽기	① 무작위적 이야기 만들기	② 의미가 비슷하게 꾸며 읽기, 표의적 읽기		③ 자소-음소 대응적 읽기 기계적 읽기		④ 자동화된 읽기 ↓ ⑤ 기능적 읽기
문해력	발생적 문해력	초기 문해력		기초 문해력		기능적 문해력

• 연령기별 읽기 발달과 문해력 •

초기 문해력 단계 중 읽기 발달에서 무엇보다 중요한 것은 '보기'와 '듣기'예요. 어른이 알맞은 목소리와 발음으로 실감 나게 읽어 주는 그림책이 문해력 발달을 위한 기초 중의 기초인 이유입니다. 말똥이는 이런 시기를 이미 지났고, 소똥이도 지나왔지만 개똥이에게는 꼭 필요한 과정이지요. 그림을 보면서 내용을 상상하고 글을 읽어 주는 선생님의 목소리를 통해 이를 확장해 가는 연습이 필요합니다. 보면서 듣기에서 시작하는 읽기 지원 과정을 소홀히 해서는 안 되는 이유가 이것입니다. 그렇다고 보면서 읽어 주는 그림책이 말똥이와 소똥이에게 지루하고 재미없는 활동이 아닙니다. 그림책 한 권에서 얻을 수 있는 의미의 층위는 넓고 깊으니까요.

쓰기 발달도 읽기 발달과 마찬가지예요. ① 놀이하듯 무작위로 그린 낙서 같은 그림에 누군가 '이게 뭐야?'라고 물으면 그때 아이들은 의미를 지어냅니다. 그다음 ② 아이들은 '엄마 그릴 거야.'라고 의도를 갖고 그리게 됩니다. 이 단계를 넘어서면 ③ 사물을 재현한 그리기로, 이를 약화한 그림 문자나 표의 문자로 대상을 나타내기 시작합니다. ④ 이를 더 추상화하여 소릿값을 자소로 대응하여 쓰는 말 그리기 단계로 넘어가고, 이에 숙달하면 ⑤ 자동화된 쓰기 단계에 진입하지요. 그리고 쓰기의 목적이나 의도, 글의 구조 등을 계획하면서 쓰는 ⑥ 기능적 쓰기 단계에 이르게 되는 과정을 갖습니다.

초기 문해력 단계 중 쓰기 발달에서 가장 중요한 것은 '그리기'와 '말하기'입니다. 내가 하는 말을 그릴 수 있듯이, 이를 더 간략하게 쓸 수 있다는 것을 깨달아 가는 과정이 필요합니다. 우산을 이렇게 그림으로(☂) 그릴 수도 있지만 '우산'이라고 소릿값에 맞는 자소로 쓸

연령기	초기 유년기 (약 1~3세)	3세의 위기 (약 3세)	전 학령기 (약 4~7세)	7세의 위기 (약 7세)	초기 학령기 (약 7~8세)	중기 유년기 (7~8세 이후)
개인별 과업		개똥이 ➡		소똥이 ➡		말똥이
말하기 ↓ 쓰기	① 무작위적 그리기 ② 의도적 그리기	③ 사물/대상 그리기 그림 문자, 표의 문자 (1차 상징, 재현)		④ 말 그리기, 말 쓰기 (2차 상징, 이중의 추상화)		⑤ 자동화된 쓰기 ↓ ⑥ 기능적 쓰기
문해력	발생적 문해력	초기 문해력		기초 문해력		기능적 문해력

• 연령기별 쓰기 발달과 문해력 •

수 있다는 것을, 소릿값에 대응하는 자모음이 있다는 것을 아이들이 이해해야 합니다. 먼저 표현하고 싶은 말을 떠올린 다음에 '글자'로 쓰는 것을 지원해 주는 이중의 방법을 교사가 모색해야 하는 이유라 할 수 있지요.

말하기에서 쓰기로 넘어가는 교실

이 책은 모두의 문해력 발달을 위한 교실을 지향합니다. 이미 자동화된 읽기와 쓰기 단계에 진입한 말똥이가 지루해하지 않으면서 즐겁게 참여하고, 글자를 하나하나 짚어 가며 읽고 말을 쓰는 단계에 있는 소똥이도 성취감을 느끼면서 동시에 표의적 읽기에서 자소-음소 대응적 읽기 단계로, 그림 문자에서 말 그리기 단계로 넘어가야 하는 개똥이도 수업에 소외되지 않고 참여할 방법을 제공하는 수업을 고민하는 책이라 할 수 있어요. 이를 위해 '그리면서 말하기 활동에서 쓰기 활동'으로 이행하는 과정을 돕기 위해 8개 수업 활동을 구안해 보았습니다.

1부 '같지만 다른 교실'에서는 같은 교실이지만 발달의 역사와 과업이 모두 다른 어린이들로 이루어진 교실 생태계에 관한 이해를 돕습니다. 이를 위해 비고츠키 아동학에 따른 발달 특성과 쓰기라는 학습의 고유성 등을 정리해 보았습니다.

2부 '모두가 말하는 교실'에서는 쓰기 학습의 시작이 그리기와 말하기라는 표현에서 시작되어야 한다는 바람을 담아, 말한 것을 그려 보고 써 보는 활동으로 연결하는 과정을 담았습니다.

3부 '모두가 말하며 쓰는 교실'에서는 글자를 몰라도 하고 싶은 말이 있으면 '낱말 수첩'의 도움을 받아 쓸 수 있도록 아이들을 지원하고, 하고 싶은 말이 떠오르지 않으면 '사진'의 도움을 받을 수 있도록 돕고, 글쓰기 주제가 떠오르지 않으면 함께 경험했던 내용을 주제로 제시해서 쓰기 도입에서의 어려움을 해소해 줄 소소한 실행 방법

등을 담았습니다. '말하기에서 쓰기로 넘어가기'는 앞서 기술한 여러 교수 방법이 국어 교육의 측면에서 비고츠키 아동학이나 교수학습에서 어떤 의미가 있는지 정리해 보았습니다.

'나가며'에서는 개똥이, 소똥이, 말똥이가 모두 어우러져 배우는 교실을 위한 팁을 몇 가지로 정리해 보았습니다. 아이들 모두가 함께 배우고 성장을 일구는 교실을 위해 우리 모두 매일 조금씩 나아가고 있습니다.

1부

같지만 다른 교실

1장

말을 배운다는 것

사람이 태어나 말을 배운다는 것은 사람다움을 이루어 가는 첫 관문과 같습니다. '심리학의 모차르트', '미래에서 온 사람'이라고 불리는 아동학과 문화역사 이론의 선구자 비고츠키는 '말이야말로 인간을 인간답게 해 주는 핵심적 기능'이라고 규정해요.

비고츠키가 살았던 20세기 초반은 과학적 심리학을 구축한다는 명분 아래 모든 것을 수량화하는 행동주의 심리학이나 동물심리학이 득세하던 시절이었어요. 어린아이와 침팬지를 비교하는 연구, 인간의 심리와 행동을 침샘 분비 등으로 단순화하는 연구들이 쏟아져 나왔습니다. 생후 12개월 정도의 어린아이를 '침팬지 시기'라고 칭하게 된 것도 이런 연구의 결과였어요. 그런 흐름 속에서 비고츠키는 인간과 고등 동물의 유사성이 아닌 차이에 주목해야 함을 강조하고, 그 차이는 '말과 생각'에 있으며, '말'은 곧 인간의 문화 발달을 위한 심리적 도구라는 주장을 펼칩니다.

지능 정보화, 초연결 시대를 사는 지금이라고 다를까요? 최근 인공지능A.I.의 성공은 놀랍지만, 자연어를 이해하고 답을 내놓는 것이 아니라 '거대 언어 모델'로 가장 그럴싸한 답을 조합해서 내놓는 수준이죠. 그렇기 때문에 사용자의 요구가 정확하고 세밀할수록 의미 있는 답을 생성해 줍니다. 많은 양의 데이터를 처리하고 분석할 수 있지만 의사소통에 필수적인 미묘한 뉘앙스의 차이, 상황과 맥락에 따른 의미 해석, 상징과 은유의 창조와 이해에는 더 많은 시간이 필요할 거예요. 인간의 말이야말로 인간을 인간답게 해 주는 심리적 도구라는 비고츠키의 단언이 부정되기에는 아직 멀었다는 것이지요.

어린이의 말 발달

1970년 미국 로스앤젤레스에서 발견된 13세 여자아이 지니는 계단 아래 벽장에 갇혀 고립된 채로 자랐습니다. 발견 당시 지니는 심각한 영양실조에 걷지도, 말을 하지도 못하는 상태였어요. 발견 이후 의료적 치료와 지원, 교육을 받았지만, 신체적 기능 발달이 온전하지 못했고 언어를 비롯한 사회적 기술을 학습할 수 없어 평생 타인의 보살핌에 의존하며 살아야 했습니다.

지니의 사례는 인간의 언어 능력은 선천적으로 타고나는 것이 아니라 적절한 환경, 사회적 상호작용이 필수적이라는 주장의 근거입니다. 그런 면에서 어린이의 말 발달은 특이점이 있는데 바로 태어났을 때부터 완전히 발달한 말의 세계에 둘러싸여 산다는 것입니다. 이를 '노출exposure'이라고 해요. 갓 태어난 아이의 주변에도, 3세 아이의 주변에도, 10세 아이의 주변에도 언제나 완전하게 우리말을 구사하며 대화하는 어른들이 있어요. 그 어른들(대부분 부모)의 대화는 아이가 3세라고 그 수준에 맞는 어휘와 문법으로만 이루어지지 않지요. 이것이 어린이 말 발달에 필요한 적절한 환경, 사회적 상호작용입니다.

비고츠키는 '아동학'이라는 이름으로 인간발달 이론을 새로 쓴 학자로도 유명합니다. 우리가 흔히 알고 있는 피아제Jean Piaget가 동화와 조절을 통한 사회화(안에서 밖으로)를 주장했다면, 비고츠키는 거꾸로 사회가 인간의 마음을 형성하고 다시 그 마음이 사회를 형성한다(밖에서 안으로, 다시 밖으로)고 주장했습니다. 호모 사피엔스라는 인간의 생물학적 특질은 타고나지만 한 사람의 인격이 형성되는 과정은 사회와 문화라는 토대 위에 가능하며, 인격이 형성된 이후 다시 사회와 역사를 변화시키는 데 기여하는 것이 인류가 만들어 온 역사라고 그는 역설합니다.

이런 비고츠키의 논의는 유전과 환경의 이분법을 넘어 제3의 길을 안내해 준다는 점에서 여전히 중요해요. 신체 · 언어 · 인지 · 정서 · 사회성 발달은 서로 다른 별개의 영역이 아니라 한 사람의 인격을 형성해 가는 총체적인 과정이며, 발달 중인 어린이에 대한 올바른 이해가 어린이 인격 형성을 위한 교육의 바탕이 되어야 한다는 것, 발달 중인 어린이의 말이나 행동은 그 어린이의 맥락 속에서 이해되어야 한다는 점을 늘 염두에 두어야 합니다.

어린이의 말 발달 역시 전반적인 어린이 발달과 함께 논의되어야 해요. 어린이의 말은 조음 기관, 감각 기관, 인지 능력, 정서와 의지 발달과 분리되어 홀로 발달하지 않기 때문입니다. 그 과정이 매우 복잡하고 역동적이긴 하지만 일련의 단계를 거친다는 것은 합의된 정설이에요. 비고츠키의 아동학적 연령기와 영국의 언어학자로 체계-기능 문법 이론을 만든 마이클 A. K 할러데이Michael. A. K. Halliday의 논의를 토대로 정리하면 다음과 같아요.

갓 태어난 어린이는 생리적으로는 모체와 분리되지만, 생존을 위해서는 보호자의 보살핌이 절대적으로 필요한 상황에 부닥칩니다. 감각과 정서, 인지는 미분화된 상태로 조건반사와 본능에 따라 생존해요. 울음은 다른 동물처럼 선천적이며 신경생리학적 반응의 한 양상입니다. 이 시기를 '탄생의 위기(0세의 위기)'라고도 해요.

엄마 젖을 먹으며 눈을 맞추고 옹알이하며 몸을 뒤집고 배밀이를 하고 기어 다니면서 아이는 생존에 있어서는 독립을 이루지만 의사소통의 핵심인 말을 아직 익히지 못해 사회적으로 의존적인 상황에 부닥칩니다. 이런 사회적 의존 상황은 조건적 반응, 즉 눈 맞추기나 옹알이, 사회적 미소 짓기, 가리키는 몸짓 등의 행동을 만들어 내지요. 이 시기의 아이는 나의 의식과 타자의 의식을 구분하지 못합니다. 이를 '원시적 우리'라고 하고, 만 1세까지의 시기를 '유아기(0~1세)'라고 해요.

만 1세 정도 되면 아이들은 일어서고 걷기 시작합니다. 눈 맞추기, 옹알이, 사회적 미소 짓기를 넘어서 '엄마, 맘마, 아빠' 같은 말을 하기 시작합니다. '푸푸, 까까' 같은 소리를 내며 이것도 푸푸, 저것도 푸푸라고 하고, 좋은 것은 다 '까까'라고 명명하기도 하고요. 이 경우 주위의 어른들은 아이와 상황을 공유하고 있을 때만 무엇을 원하는지 알 수 있습니다. 이렇게 어린아이가 지어낸 말을 비고츠키는 '원시적 말'이라고 하고, 할러데이는 '자율적인 말'이라고 합니다. 이렇게 1세의 위기를 지나 '초기 유년기(1~3세)'에 진입합니다.

초기 유년기 어린이는 낱말을 사용해서 원하는 것을 요구할 수 있게 되고(지시적 말하기), 시각이나 청각, 촉각 같은 감각과 지각이 안정적으로 발달하지요. 이 시기에는 지시하는 대상의 속성과 이름을 같게 인식하기 때문에 '엄마'라는 소릿값과 엄마의 특질 자체를 하나로 봅니다. 이런 과정을 거치며 '원시적 우리'를 넘어서 지각이나 표상에 기반한 의미론적 체계를 만들어 가지요.

'미운 세 살, 미운 일곱 살.'이라는 말이 있듯이 초기 유년기를 지나 3세가 된 어린이는 떼쟁이로 변모하는 듯 보이지요. 누가 봐도 할 수 없는 것을 하겠다고 주장하고, 이걸 하고 싶어 하면서 저걸 하겠다고 우기기도 해요. 이런 급격한 변화의 시기는 '위기'이자 '기회'인데, 부정적인 모습을 보여 주는 것 같지만 내적으로는 엄청난 발달의 계기가 감추어져 있다고 비고츠키는 단언합니다. 즉, 감정과 의지가 분화하기 시작하기 때문이라는 겁니다. 좋아하면서도(감정) 하기 싫다고 우기는 것(의지)은 '원시적 우리'가 분화되어 '원시적 의지'가 출현하는 과정에 있다는 증표입니다. 그러니 이 시기를 보내는 아이를 대하는 우리의 자세를 점검해 볼 필요가 있습니다. 그럴 때지, 하며 차분히 대응하는 것이 상책입니다. 3세의 위기를 지나면 '전 학령기(3~7세)'에 진입합니다.

전 학령기 어린이는 어휘의 폭발과 함께 기억 기능이 빠르게 발달하지요. "옛날 옛적에……, 그래서……, 그런데……"로 이어지는 이야기(서사)가 출현하고, 어휘 문법에 따라 서로 주고받는 대화가 가능해집니다. 그림 그리기와 자연적인 형태의 학습과 규칙이 있는 놀이로 이행합니다. 교사의 지시에 따라 학습을 이어가는 반응적인 학습이 가능한 시기입니다.

'미운 일곱 살' 시기를 거치면서 아이들은 초등학교에 입학하게 됩니다. 여기서 사용한 숫자는 같은 월령을 의미하지 않아요. 거쳐 가는 단계는 비슷하지만 동일한 시기에 오는 것은 아닙니다. 미운 일곱 살이라는 7세의 위기를 이미 겪고 초등학교에 입학하기도 하고, 겪는 중일 수도 있고, 여전히 전 학령기적 발달 특성을 보이는 어린이도 있어요. 다만 중요한 사실은 어린이의 말 발달에 대한 이해는 생각 발달에 대한 이해로 연결되고, 겉으로 나타나는 말, 의사소통 행위 양상은 어린이의 정신 기능 발달을 드러내 준다는 점입니다.

초등학교 1학년 아이들과 주말을 보낸 이야기를 나누는데, "몰라요. 기억 안 나요."라고 하는 어린이가 있다면 그에 맞는 진단과 처방이 필요합니다. 경험한 것을 의미 있는 기억으로 저장하고 표현하는 '체험의 일반화'가 발달하지 못한 '전 학령기' 수준이라고 할 수 있거든요. 서로 약속한 규칙이 있는데 자기 뜻대로 되지 않는다고 훼방을 놓거나 고집을 부리는 아이가 있다면, 왜 저런 말이나 행동이 형성되었는지 살펴보아야 합니다. 내가 놀이에 참여하기 위해서는 규칙을 지켜야 한다는 자기 규제 능력이 발달하지 못한 상태라고 할 수 있어요. 과거와 달리 이런 학생들의 비율이 점점 높아지고 있습니다.

말이 지닌 힘 그리고 생각의 발달

인격의 형성이라는 면에서 말이 지닌 힘은 대단합니다. 세상의 모든 사람이 긍정적이고 부지런하며 성실하게 살 수도 없고 그럴 필요도 없지만, 건강한 자의식을 형성하는 것은 우리 모두의 안녕을 서로 지켜 주는 일입니다. 다시 강조하지만, 긍정적인 말, 격려하는 말, 부정적인 말, 비난하는 말은 그 말의 소릿값 자체에 힘이 있는 것이 아니라 그 말의 '의미'를 내면화하는 정신 작용에서 힘을 갖게 되거든요.

호모 사피엔스인 인간종의 발생 과정에서 생각과 말은 다른 여타의 동물처럼 서로 다른 두 개의 노선이었지요. 인류가 이룬 문화적, 역사적 발달은 '말로 하는 생각'으로 두 노선이 하나가 되면서 비약합니다. 한 개인의 발달 역시 마찬가지예요. '원시적 우리' 단계에서는 모든 것이 통합된 하나입니다. 감각에 따른 지각이 발달하고, 신체를 자유자재로 움직일 수 있게 되면서 생존을 위한 의식(생각, 지능)이 출현하고, 사회적 관계 속에 던져지면서 말로 지각하기 시작합니다. 하나의 그림으로 주어지던 이미지에 '말'이 들어와 이 그림이 컵, 탁자, 의자로 지각됩니다. 유아기에 생각과 말은 서로 다른 노선으로 발생하지만, 초기 유년기의 원시적인 말과 의사소통, 전 학령기 어휘의 폭발과 서사의 출현은 '말로 하는 생각'을 가능하게 합니다.

어린이는 사회적으로 의존할 수밖에 없는 상황에서 '모방'을 통해 말을 배웁니다. "맘마, 까까, 아니, 아니야." 같은 말하기는 내 의사를 지시하는 과정입니다. 말을 통해 지시하고 욕망을 실현하는 과정이 의사소통의 기저에 놓여 있지요. 누군가 외적 대상을 향한 말하기인 셈입니다. 이런 대상을 향한 말하기는 '사물'을 향한 말하기로 이어집니다. 장난감이나 인형에게 "달려, 같이 놀자, 이렇게 해야지." 하고 아이가 말하는 행위는 모두 외적으로 존재하는 대상을 향한 말하기입니다. 대상을 향한 말하기의 대상은 사물에 그치지 않고 '자신'을 향한 말하기로 확장됩니다. "개똥이는 이거 좋아해, 개똥이가 할 수 있어."처럼 자신을 3인칭 주어로 칭하는 말하기는 말로 하는 생각 발달에 매우 중요한 이행적 징후지요.

지금으로부터 약 100년 전 독일 심리학자 볼프강 쾰러Wolfgang Köhler는 천장에 매달려 있는 바나나를 얻기 위해 유인원이 어떤 행동을 하는지 관찰하는, 매우 유명한 실험을 진행했습니다. 유인원은 주변에 보이는 상자를 쌓거나 막대기를 이용하여 바나나를 얻어 냈고, 쾰러는 이를 증거로 유인원은 지적 능력과 문제 해결 능력이 있으며 어린 인간보다 실행 지성이 더 발달해 있다고 주장하지요. 이 실험은 매우 다양하게 변이되었고, 독일의 심리학자 카를 뷜러Karl Bühler는 이 실험을 어린이에게 적용하여 만 1세 즈음을 '침팬지와 같은' 연령으로 명명해요. 그러나 이런 실험들은 모두 어린이가 '말'을 사용함으로써 실행 지성이 어떻게 질적 변이를 이루는지 주목하지 못했어요. 이유는 유인원과 인간의 유사성에만 눈을 돌렸기 때문이지요.

1930년 필립 P. 브레이너드Philip P. Brainard는 3세 자녀에게 쾰러의 실험을 재현한 결과를 출판했습니다. 그는 유인원은 좀 더 긴 팔과 크기가 큰 상자나 의자 등을 다루어 본 경험이 있지만 3세 어린이는 지시를 이해하고 말을 할 수 있다는 차이가 있다고 기술할 뿐, 그 차이에 주목하지는 못했습니다. 이 실험에 대해 비고츠키는 인간이 3세가 되면서 지시적 말하기가 가능해지는 것 자체가 인간의 심리적, 정신적 기능의 재구조화(내적 변혁)를 끌어낸다고 단언합니다. 세 살 어린이는 말할 수 있고 사회적 상호작용의 경험이 있기 때문에 실험자에게 요구했습니다(Brainard, 1930).

"저 바나나를 꺼내 주세요. 너무 높아서 안 돼요. 의자 같은 게 필요해요."

타자의 도움을 요청하는 방향으로 문제 해결 방식이 획기적으로 변화하는 것입니다. 이것이 몸도 작고 팔도 짧지만 말을 할 수 있는 인간 어린이와 몸도 크고 팔도 길지만 바로 눈앞에 보는 것, 즉 시각장視覺場에 갇혀 있는 침팬지의 결정적 차이라 할 수 있지요.

외적 대상을 향한 지시적 말하기는 자기 자신을 향한 말하기, 혼잣말로 이행합니다. 동일한 실험에서 말하기가 좀 더 능숙한 어린이는 자기 자신에게 지시하기 시작해요.

"아, 의자가 필요해. 의자가 어디 있지? 막대기를 찾아보자."

피아제는 이것을 퇴행의 의미를 담아 '자기중심적 말하기'라고 명명했지만, 비고츠키는 이를 외적 대상과의 말하기(의사소통)에서 내적 말(말로 하는 생각)로 넘어가는 이행적 말하기를 보여 주는 것이며 이를 '혼잣말'이라고 재정의합니다. 타자를 향했던 지시를 모방하여 자기 자신을 향해 말하게 되면서 이를 소리 내어 말하지 않고 마음속으로 생각하는 것이 바로 '내적 말inner speech'이 되고, 이는 지적 기능의 비약적 발달 계기가 되지요.

한글을 읽지 못한 채 입학하는 것보다 더 큰 문제?

인간 발달 초기, 말 발달과 생각 발달은 두 개의 다른 노선입니다. 그러나 외적 대상을 향한 지시적 말하기(의사소통적 말하기)가 자기 자신을 향한 말하기(혼잣말)로, 그리고 소리 내어 말하지 않고 속으로 말하기(내적 말) 과정을 거치면서 생각 발달 노선과 결합합니다. 말로 하는 생각은 어린이 심리 구조의 내적 변혁, 재구조화의 토대가 되는 것이지요. 말로 하는 생각이 가능해야 자기 생각에 관해 생각하는 메타 인지, 자신만의 체험을 타자가 이해하도록 이야기할 수 있는 공동 일반화, 일반화를 넘어선 추상화가 가능해집니다. 어린이의 말 발달은 생각 발달의 토대예요. 내적 말 단계에 진입하면서 생각과 말은 하나로 통합되어 심리 기능을 재구조화하고, 이는 다음 인지 발달의 토대가 되지요.

초등학교 1학년을 가르치는 경험이 깊어지면서 저는 늘 이야기합니다. 한글을 읽지 못하고 초등학교에 입학하는 것이 문제가 아니라 전 학령기에 갖추어야 할 '말 발달', 즉 입말 의사소통이 안 되는 상태로 어린이가 입학하는 것이 더 큰 어려움이라고요. 오히려 서로 주고받는 대화가 가능한데, 옛이야기 한 편을 짤막하게라도 구사할 수 있는데, 글을 읽지 못한 채 입학한 것이 학습의 어려움이 된 적은 없습니다.

초등학교 1학년 교실에 "옛날에……, 어제……, 유치원 때……" 하면서 이야기를 풀어내지 못하는 어린이가 있다거나 친구와 연결되는 대화를 나누기 어려운 어린이가 있다면 그에 맞는 진단과 처방이 필요합니다. 규칙이 있는 놀이를 하는데 그 규칙을 지키지 않겠다고 하거나 훼방을 놓으면 '재는 왜 저럴까, 재는 원래 저래.' 이렇게 단정하기 전에 전 학령기 초기 수준에 머물게 된 이유, 미발달이 발생한 이유나 맥락에 대한 교사의 진단이 선행되어야겠지요.

2장

몸짓, 그리기, 그리고 쓰기

초등학교의 우리말글 교과서가 '국어' 한 권이던 시절이 있었지요. 갑자기 '듣기·말하기', '읽기', '쓰기' 세 권으로 나누어지더니, 요즘은 '국어'와 '국어 활동'으로 바뀌었어요. 우리의 말글살이를 기능 중심으로 나누어 가르쳐야 한다는 이론이 도입되면서 분책되었던 교과서들이 다시금 말글살이는 통합해서 가르쳐야 한다는 비판을 거치면서 또 합쳐졌다고 보면 됩니다.

교과서는 통합했지만, 아이들 문해력 발달에 도움이 되도록 잘 구성되었는지는 고개를 갸웃하게 됩니다. 총체적인 언어 교육을 표방하지만 아이들의 살아 있는 언어에서 출발하지 않기 때문입니다. 말 그대로 '교과서적인 방식'으로 접근하다 보니 국어 시간은 지루하고 따분한 시간, 뭘 계속 베껴 쓰거나 따라 써야 하는 시간이 되어 버립니다. 이 책에서 강조하는 '말하기에서 쓰기'로 넘어가는 교실은, 아이들이 하고 싶은 말을 글로 쓰는 표현 기능으로서의 말하기와 쓰기에 주목하자는 의미가 담겨 있습니다.

표현하려는 욕구, 몸짓

입말과 글말의 발생 순서는 입말이 앞서고, 표현과 이해의 발생 순서는 표현이 앞섭니다. 인류사의 발생을 봐도, 개인의 발달을 봐도 그렇습니다. 그렇다면 초등학교 1학년의 우리말글 교육은 '입말로 하는 표현'에서 출발하는 것이 우선이라고 판단하게 되지요. 그러나 안타깝게도 초등학교 1학년 1학기 교과서는 바르게 앉는 자세, 듣는 자세, 읽는 자세, 쓰는 자세에서 시작해서 자음 ㄱ을 배우는 식으로 구성되어 있습니다. 바르게 앉아서 듣고, 읽고, 쓰는 자세가 중요하지 않다는 것이 아니에요. 교과서는 그렇게 구성되어 있더라도 어린이의 자유로운 입말 표현이 교실 활동의 주가 되는, 아이들의 말이 살아 있는 교실을 이끌어 가는 것은 어디까지나 '교사'라는 것을 강조하고 싶기 때문입니다.

지시하는 말하기가 자기 자신을 향한 말하기로, 혼잣말이 내적 말로 이행하는 과정에서 생각과 말의 통합이 이루어지고 이는 인지 발달의 중요한 토대가 된다고 이미 말했습니다. 이 모든 과정의 토대는 표현입니다. 표현하려는 욕구는 몸짓에서 처음 시작됩니다. 말을 하지 못하는 아기가 눈만 깜빡거려도 보호자들은 활짝 웃어 줍니다. 까르르 소리를 내며 웃으니 보호자가 더 크게 웃어 주고, 손발을 버둥버둥 움직이니 보호자의 관심이 집중되는 과정을 거치며 몸짓이 '표현'이 될 수 있음을 비록 제대로 의식하지는 못하지만 아기는 학습하게 되지요.

무언가를 가리키는 듯한 몸짓이 처음에는 단순히 목표 대상을 잡으려고 하나 잡기에는 실패하는 움직임이었을 뿐입니다. 객관적으로 볼 때는 '몸짓 그 자체'로, 목표물을 가리키는 동작으로 보여요. 이를 보고 있는 보호자는 몸짓 그 자체를 가리키는 동작으로 해석하고 목표 대상물을 가져다줍니다. 이런 사회적 상황은 몸짓 그 자체를 다른 사람을 향하는 몸짓, 지시적 몸짓으로 변화시킵니다. 어린이는 자신의 몸짓을 기호로 인식하지 못하지만, 주변의 어른이 기호로 해석하고 기호로 기능하게 해요. 대상에 대한 동작이 타자에 대한 동작으로 바뀌면서 의사소통의 수단이 되고 지시하는 몸짓이 됩니다.

몸짓이 소리와 결합할 때 그 효과는 더 커집니다. 보호자가 항상 주목하고 있는 것은 아니기 때문에 더 그렇지요. 소리 내는 다양한 시도를 하면서 조음 능력이 발달하고, 아이가 내는 소리를 보호자가 따라 하고 또 새로운 낱말(맘마에서 엄마로, 엄마에서 아빠로, 할무이로, 할버지로)로 확장해 가면서 지시적 말하기, 의사소통적 말하기의 토대를 만들어 갑니다.

이런 지시적 말하기는 표현이 우선입니다. 이해는 보호자에게 요구되는 것이죠. 지시적 말하기는 몸짓으로 시작되지만 소리와 결합하게 되고, 몸짓 없이 소리만으로도 가능해지는 단계에 이릅니다. 이런 과정을 거쳐 전 학령기에 이르면 주고받는 대화, 즉 표현과 이해가 어우러진 말하기가 가능해져요.

몸짓과 입말, 글말이 기호 그 자체에서, 타자에 대한 기호, 자신을 향한 기호로 발달해 가는 과정을 정리하면 다음과 같아요.

	기호 그 자체	타자에 대한 기호	자신에 대한 기호
몸짓	어린이가 손을 뻗는 것	엄마가 목표 대상을 어린이에게 가져다주는 행위	어린이가 의도를 갖고 대상을 가리키는 것
입말	어린이가 옹알이를 하는 것	엄마가 옹알이를 듣고 마치 말인 것처럼 반응하는 것	어린이가 의도를 갖고 엄마를 부르는 것
글말	어린이가 낙서를 하는 것	엄마가 낙서를 보고 구름이나 연기 혹은 뱀이라고 이해하는 것	어린이가 의도를 갖고 그림을 그리는 것

• **몸짓, 입말, 글말의 기호적 변환 과정**(*비고츠키, 2013: 485 일부 수정) •

이해를 돕기 위해 몸짓, 입말, 글말을 따로 나누어 정리했지만 저렇게 하나의 외적 활동으로만 나타나지는 않아요. 가리키는 몸짓에 입말이 결합하고, 무작위적인 낙서에는 몸짓과 입말이 함께 나타납니다. 말을 못하는 아기의 칭얼거림을 듣고 왜 그러는지 알아내려는 엄마의 행위는 의사소통의 첫걸음입니다. 어린이의 말과 행동에 대한 주변 사람들의 상호작용은 아이에게 깊이 각인됩니다. 남이 나에게 반응해 주던 방식 그대로 자기 자신에게 반응하게 됩니다. 이것이 비고츠키가 말한 '내면화'이고 인격 형성 과정이지요. 이처럼 초기 발달 과정에서 언어적, 정서적 상호작용이 얼마나 중요한지 짐작할 수 있어요.

그리기 발달에서 쓰기로

갓 태어난 아기의 신경생리적 반사 작용으로 나타난 울음이 감정적이고 표현적인 음성 반응으로, 음성 반응이 지시적인 낱말 사용으로 도약하는 과정은 입말 발달의 역사입니다. 그렇다면 무작위적으로 보이는 그림 그 자체가 타자의 의미 부여로 기호가 되고, 어린이 자신이 먼저 의미를 부여하고 의도를 갖고 그림을 그리게 되는 일련의 과정은 글말 발달의 역사예요.

어린이의 그림 발달에도 몇 가지 단계가 있어요. 초기의 그리기는 무작위적, 무의미적인 그리기입니다. 일종의 몸짓으로, 반복적인 신체적 활동에 불과하지요. 몸짓 그 자체가 타자에 의해 가리키는 몸짓으로 이해되듯이, 반복적인 신체 활동으로 나타나는 무작위적 낙서가 타자에 의해 의미화됩니다. '이게 뭐야? 구름을 그린 거야?' 물으면 대개는 그렇다고 대답합니다. 준비되지 않은 대답이지만 이런 상호작용 과정에서 그림 그릴 때는 없었던 의미가 부여되지요. 그림에 명칭이나 의미를 부여하는 행위는 그림을 그리고 난 후에서 그림을 그리는 도중으로 이행해요. 그리고 마침내 그림을 그리기 전에 '자동차를 그릴 거야.'처럼 의도를 갖고 그림을 그리게 됩니다. 어린이가 이름을 부여하고 그림을 그리는 과정은 그림 문자적 쓰기와 연결됩니다. 대상을 그릴 수 있듯이(1차 상징), 대상을 문자로 쓸 수 있다는 것(2차 상징)을 발견해 가는 과정이지요.

비고츠키의 동료인 신경심리학자 알렉산더 R. 루리아Alexander R. Luria는 쓰기를 하지 못하는 어린이에게 기억을 위해 기록이 필요한 과제를 부여하고 쓰기 도구를 제공한 다음에 어린이의 반응을 관찰했어요(Luria, 1929). 1단계(3~4세)의 쓰기는 어른의 쓰기 행위에 대한 단순한 모방이에요. 기록 과업에 대한 모방으로 선이나 점 등으로 표시하지만 그 표시들이 일련의 의미로 연결되지는 못합니다. 2단계(4~5세) 쓰기는 그림 문자적, 표의 문자적 기능으로 나타나지요. '귀머거리 소년'을 그릴 때는 머리는 그리지만 귀를 그리지 않는다거나 '교활한 노파'를 그릴 때는 큰 눈을 가진 할머니 얼굴을 그리는 식으로 기억술적 기호의 기능을 보여 줍니다. 수와 양을 표시하기 위해서 일련의 막대기 표시가 나타납니다. 그림 문자적 쓰기는 그림으로 문장의 내용을 직접적으로 전달하기 어려울 때 점차 표의 문자적 수준으로 추상화됩니다. 그러나 어디까지나 1차적 상징화를 통한 재현의 단계예요. 3단계 쓰기는 '말을 그린다'라는 진정한 의미의 쓰기를 보여 줍니다. 상징적 쓰기로의 전이는 입말을 문자 기호로 나타내는 2차 상징화를 요구해요. '나무'를 나무의 형상으로 그리는 것(1차 상징, 그림 문자)과 음소를 분해해 2차적 상징 기호로 나타내는 것은 질적 도약이 필요한 과업입니다. 어떤 대상이나 물건뿐 아니라 '말소리도 그릴 수 있다.'라는 발견을 해야 하지요. 사물 그리기에서 말 그리기로의 이행입니다.

비고츠키는 루리아의 실험을 길게 기술하면서 어린이의 진짜 글말 발달은 사물 그리기에서 낱말 그리기로 이행하는 방식으로 발달하며, 쓰기의 비밀을 가르치고 배우는 것은 곧 이러한 이행을 적절하게 준비하고 조직화하는 것을 배우는 것이라고 정리합니다. 일단 이것이 성취되기만 하면 어린이는 쓰기 기제에 숙달하게 되고, 앞으로 남은 것은 이를 향상하는 것뿐이라는 첨언도 잊지 않지요(Vygotsky, 2014:7장).

쓰기의 선先 역사는 읽기가 아니라 '몸짓과 그리기'예요. 그리기는 '그림 문자'에서 '표의 문자'로, 소리 자체를 그리는 '말 그리기'로 이행합니다. 이런 쓰기의 발생적 기원을 이해하면 글을 읽을 줄 아는데 왜 쓰기를 못하느냐고 타박하지 못하지요. 인간의 몸짓은 입말과 그리기로 분화되고, 그리기는 쓰기와 문자로 발달해 왔습니다. 쓰기의 비밀을 가르치기 위해 사물 그리기에서 낱말 그리기로 이행하는 과정을 교사는 어떻게 적절하게 준비하고 조직화할 수 있을까요?

3장

'일곱 살의 위기'와 쓰기의 역동

전 학령기 어린이의 정신 기능 발달과 인지 발달, 언어 발달 등에 주목한 비고츠키는 이때가 반응적인 교수 – 학습이 가능한 시기이며, 어린이에게 읽기와 쓰기를 가르칠 수 있다고 말합니다. 다만 어린이 스스로 쓰기의 필요를 느낄 때 시작해야 하며, 단순히 글자를 쓰는 것이나 완성된 문장을 베껴 쓰는 것은 쓰기 학습이 아니라고 단언하지요. 쓰기의 문화적 의미를 전수할 수 있는 '자연적' 방법을 찾아야 하고, 그 토대에는 놀이와 그리기가 있어야 함을 지적하고요. 덧붙이고 싶은 것은 해당 연령이 된다고 모든 어린이가 전 학령기적 정신 기능 발달을 이루는 것은 아니라는 점이에요. 때에 맞는 교육, 맞춤형 교육은 어린이의 정신 기능 발달에 대한 진단을 토대로 해야 합니다

(Vygotsky, 2011:6장).

우리나라의 유치원 교육과정인 누리 과정은 형식적인 문자 지도를 권장하지 않아요. 발생적 문자 교육 방법으로 어린이의 문자에 대한 흥미와 호기심을 유지할 수 있게 도와주지요. 그림 문자에서 표의 문자로 넘어가는 과정(1차 상징), 그리고 마침내 말도 그릴 수 있다는 2차 상징을 이해할 수 있도록 돕는 과정일 것입니다. 그 과정에 놀이와 그리기는 주요한 원천이 되지요.

메타 인지는 언제 나타날까?

초등학교 1학년은 전 학령기에서 학령기로 진입하기 위한 위기적 국면으로 '일곱 살의 위기' 혹은 '미운 일곱 살'의 시기를 넘어서야 하지요. 전 학령기 어린이는 기승전결이 있는 이야기를 나눌 수 있고 서로 주고받는 대화가 가능해요. 표현 의도를 갖고 의미를 부여하며 그림을 그릴 수 있고, 놀이를 하며 빗자루가 달리는 말이 될 수 있고 보자기가 날개가 될 수 있다는 것을 이해합니다. 이런 변신 놀이나 상상 놀이는 기호와 상징의 세계를 이해하는, 즉 대상의 이름과 속성이 하나가 아니라 자의적이라는 것을 이해하고 있음을 보여 주는 발달의 증표예요(Vygotsky, 2017:4장).

말과 함께 기억 기능이 전면적으로 발달하고 교사의 지시나 조건적 환경에 따르는 반응적인 학습이 가능하지만 자기 맥락에서 벗어나 타자의 맥락을 이해하거나 '나'에 대한 의식(자의식)이나 생각에 관한 생각(메타 인지), 의식적인 주의나 논리적 기억 기능은 아직 발달하지 않은 상태입니다. 유치원, 어린이집이나 초등학교 1학년 교실에서 손 유희를 많이 사용한다거나 반응적·조건적 주의집중을 위한 활동을 많이 해야 하는 이유이기도 해요.

전 학령기에서 학령기로 넘어가는 진보를 이루기 위해서는 '일곱 살의 위기'라는 높은 산 하나를 넘어야 합니다. 위기적 시기는 겉보기에 발달의 퇴행이 일어나는 것처럼 보이나 심리 기능의 내적 변혁, 재구조화를 위한 도움닫기와 같아요. 피아제가 자기중심적 말을 사회화 과정에서의 퇴행으로 보았지만, 비고츠키는 내적 말로 넘어가기 위한 이행적 징후라고 보았던 것처럼, 7세의 위기에서 보이는 부정적 말과 행동 역시 원시적 자아의 출현을 위한 진통이니까요(Vygotsky, 2016:1장).

어린이의 발달 과정을 연구하던 초기부터 일곱 살의 위기는 주목을 받았습니다. 건들거리며 걷거나 갑자기 이상한 표정을 짓는 등 뚜렷한 동기가 없어 보이는 행동, 아기나 동물처럼 말하면서 키득거리기, 논리적으로는 전혀 이해 불가능한 말싸움('우리 집에는 백 개, 만 개, 천만 개 있다'), 야단을 맞고 있으면서도 웃으며 장난치기 등 '제멋대로 행동하고 말하는' 전형을 보여 준다고 기록하고 있어요. 초등학교 저학년 아이들을 만나 본 경험이 있다면 누구나 공감할 수밖에 없는 현상이지요(Vygotsky, 2017:4장).

이 모든 위기의 징후는 '원시적 자아, 나'라는 심리적 개념을 형성해 가기 위한 부산물입니다. 아이가 이상하게 걷거나 행동하는 이유는 아직 외적인 시선을 인식하지 못하기 때문이에요. '나의 밖'에서 나를 보는 시선을 인식하지 못합니다. 상황이나 분위기를 고려하지 않는 행동이나 말 역시 나의 맥락 밖에서 지금 상황을 인식하지 못하기 때문이지요. 비논리적인 뻥튀기 역시 내 말을 타자가 어떻게 생각할지에 관해 전혀 고려하지 않기 때문에 나타나요. 화장실에서 손을 씻고 나서 손을 터는 행위를 하는 아이들 역시, 주변 친구들에게 물을 튀게 할 수 있다는 것을 생각하지 못하고 하는 행동이에요. 주변 아이들 역시 저 아이가 손에 물을 털다가 나한테까지 물이 튄 거구나, 하고 이해하지 못합니다. 그래서 크고 작은 여러 가지 갈등이 발생하지요. 그러나 이런 행동이나 말을 그냥 두고 보는 것이 어른인 우리가 해야 할 일은 아닙니다. '원시적 자아' 형성을 위해, 내가 보는 '나'의 세계가 있듯이, 타자들이 보는 수많은 '너'의 세계가 있다는 것을 깨우쳐 주기 위해 부지런히 아이들에게 알려 주어야 합니다. 이것이 일곱 살의 위기를 건너가도록 도와주는 핵심이며, 생각과 말, 행동에 지성의 층을 끼워 넣는 과정입니다.

1학년 어린이들이 놀이터에서 놀고 있습니다. 개똥이가 미끄럼틀 위에서 모래를 뿌리고 있습니다. 미끄럼틀 아래를 지나가던 소똥이 머리 위로 모래가 떨어집니다. 소똥이가 달려오며 외칩니다.

"선생님, 개똥이가 나한테 모래 뿌렸어요."

"아니야, 나 너한테 모래 안 뿌렸어."

개똥이는 아니라고 하면서 억울해합니다. 대부분의 어른은 여기서 야단을 칩니다.

"어, 선생님이 여기서 네가 모래 뿌리는 거 다 봤는데 왜 안 뿌렸다고 거짓말해?"

일곱 살의 위기를 넘어가는 아이들은 아직 자기 맥락적 이해를 넘어서지 못했다는 점을 생각하며 다시 이 장면을 돌려 봅시다. 개똥이는 미끄럼틀 위에서 그냥 모래 뿌리기 놀이를 하고 있었을 뿐이지, 소똥이를 향해 의도적으로 모래를 뿌리겠다는 생각을 한 적이 없습니다. 소똥이는 미끄럼틀 아래를 지나가고 있었을 뿐이지, 개똥이가 모래를 뿌리고 있으니 그 모래에 내가 맞을 수도 있다는 것을 전혀 예측하지 못해요.

그렇다면 교사를 비롯한 어른들의 반응은 어떻게 달라져야 할까요?

"개똥이는 소똥이에게 일부러 모래를 뿌린 건 아니고 그냥 모래를 뿌리며 놀고 있었는데, 하필 그때 소똥이가 미끄럼틀 아래를 지나가다가 모래를 맞은 거구나. 근데 개똥아, 미끄럼틀 위에서 모래를 뿌리면 친구들이 그 모래에 맞을 수 있을까, 없을까?"

개똥이는 그제서야 소똥이의 맥락을 받아들입니다. 그리고 사과하지요. 그러나 교사는 여기에서 멈추면 안 됩니다. 소똥이에게도 개똥이의 맥락을 가르쳐 주어야 해요.

"소똥아, 개똥이는 너를 향해 모래를 뿌린 게 아니라 그냥 모래를 뿌리고 놀고 있었는데 하필 네가 거길 지나간 거야. 그러니까 일부러, 네가 미워서 모래를 뿌린 게 아닌 거 같아. 어떻게 생각해?"

소똥이는 개똥이의 마음을 알아줍니다. 그리고 이렇게 소똥이가 사과하게 합니다.

"개똥아, 네가 일부러 나한테 모래 뿌린 게 아닌데 그렇게 말해서 미안해."

소똥이의 사과를 받은 개똥이는 억울했던 마음이 풀리지요. 물론 소똥이가 이렇게 사건의 맥락을 정리하며 사과하는 말하기를 할 수는 없어요. 교사가 말하고 한 소절, 한 소절 따라 하게 합니다.

그다음은 개똥이와 소똥이에게 이 상황을 일반화해서 가르쳐 주어야 해요. 내가 의도하지 않은 행동이 다른 사람에게는 피해가 될 수 있다는 것, 상대방이 의도를 갖고 어떤 행위를 했을 거라는 단정을 하면 안 된다는 것이죠. 이것이 체험의 공동 일반화입니다. 내 맥락에서의 체험을 너의 맥락에서도 이해할 수 있게 전체적인 맥락을 조망해서 함께 이해할 수 있는 수준으로 확장하는 것입니다. 우리 어른들도 쉽지 않은 일을 일곱 살 아이들이 할 수 있도록 최선을 다해 도와야 하는 일이지요.

'이중의 추상화'를 요구하는 쓰기

일곱 살의 위기를 넘어가며 아이들은 '원시적 자아'를 형성하게 된다고 했지요. '원시적'이라는 수식어에는 '최초이자 처음'이라는 의미와 함께 열세 살의 위기(이 위기를 지나야 진정한 인격과 자아가 출현합니다. 7세의 위기에는 원시적/초기적/예비적 자아가 출현하지요) 이후 진정한 인격과 자아가 출현하는 시기에 앞서는 '예비적' 자아라는 의미가 담겨 있어요. 겉으로 하는 행동이나 말이 속마음과 같았던 전 학령기와 일곱 살의 위기를 넘어서면, 속마음으로는 싫지만 사과할 수 있고, 속으로는 좋아하지만 겉으로는 괴롭히거나 약 올리는 행동을 할 수 있게 됩니다. 이렇게 외적 인격과 내적 자아의 분화와 함께 원시적 자아가 출현해요. 싫어도 좋다고 말하고, 좋은데 싫다고 말할 수 있다는 것은 외적 인격과 내적 자아의 분화를 보여 주는 징후예요. 세 살의 위기에서 떼쟁이로 변모하는 것과는 질적으로 다른 양상이지요.

이런 분화는 겉으로 드러나는 인격과 속마음 사이에 새로운 인지적 층이 생긴다는 것을 의미합니다. 내적 느낌과 외적 행동이 같게 드러나던 순진한 일치성은 사라지고 거짓말을 할 수 있게 된다는 뜻이기도 합니다. 나의 행동이 어떤 결과를 가져올 수 있는지 먼저 생각해 볼 수 있는 '지성화된 행동', 내가 이런 말을 하면 어떻게 반응할지 예측해 볼 수 있는 '지성화된 말', 내 맥락 속에만 있는 개인적인 경험을 다른 사람에게 이해시키기 위해 전체적인 맥락을 생각하며 말하는 '체험의 공동 일반화' 같은 기능적 발달이 가능하게 되지요.

앞서 예로 들었던 것처럼, 미끄럼틀 위에서 모래 뿌리기 행동을 하기 전에 이렇게 모래를 뿌리면 누군가 모래를 맞을 수 있다는 것을 예측할 수 있게 하는 것, 상대의 맥락을 생각하지 않고 일부러 뿌린 것처럼 표현할 때 상대의 반응을 염두에 두는 것, 개똥이와 소똥이 두 아이의 맥락을 하나로 모아 전체적으로 볼 수 있도록 일반화하는 활동들이 모두 원시적 자아의 형성, 지성화된 말과 행동, 체험의 공동 일반화를 끌어내는 디딤돌이지요. 이런 경험이 쌓이고 쌓일 때 질적 변화가 일어날 수 있습니다.

그러나 이런 경험만이 내적 느낌과 외적 인격 사이에, 나의 맥락과 너의 맥락 사이에 인지적 층을 만들어 주는 건 아니에요. 학교에서의 형식적인 학습, 즉 읽기와 쓰기 같은 글말 학습, 셈하기 같은 수와 기호의 추상화는 문자와 숫자, 기호에 의한 매개적 상징을 이해하는 과정이며, 이런 문화화는 자발적 주의, 논리적 기억, 생각에 관한 생각(메타 인지) 같은 질적으로 새로운 정신 기능에 숙달할 수 있게 하지요.

쓰기의 발생적 기원은 몸짓과 그리기입니다. 무작위적 그리기가 타자에 의해 의미가 부여되면서 의미를 담은 그리기가 되고, 그림 문자적 그리기는 표의 문자적 그리기 단계를 거치면서 '말을 그리는 단계'로 나아가게 되고, 그리기 행위는 쓰기 행위로 변모해요. 어린이의 문해력 발달 단계에서 그림 문자적 그리기나 표의 문자적 그리기 단계를 초기 문해력(전 학령기, 누리교육과정)으로, 말을 쓰는 단계를 기초 문해력(초등 1~2학년)으로, 의사소통의 목적에 맞게 글을 읽고 쓸 수 있는 단계를 기능적 문해력(초등 3학년 이상)으로 정의합니다. 말을 그리다가 쓰게 되는 것은 2차 상징의 과정이면서 동시에 '이중의 추상화'라는 정신 기능을 요구하는데, 이는 초기 문해력에서 기초 문해력으로 이행하는 과정에 꼭 필요한 정신 기능이에요.

그림 문자적 그리기나 표의 문자적 그리기는 대상의 재현을 토대로 합니다. 표현하고자 하는 대상과의 유사성을 기반으로 하는 그리기예요. 말을 그리는 것은 그런 외적 유사성이 존재하지 않습니다. [아]라는 소리와 'ㅏ'라는 기호에는 어떠한 표상적 유사성도 없어요. '나무'라는 대상과 '나무'라는 문자 사이 역시 마찬가지입니다. 이는 '나무'라는 대상을 [나무]라는 소리로 1차적으로 상징화하고, 다시 '나무'라는 문자 기호로 상징화하는 것은 2차적 상징입니다. 이런 글말의 속성은 쓰기라는 활동이 이중의 추상화라는 정신 기능을 수행하도록 요구하지요(Vygotsky, 2011:6장).

쓰고 싶은 말을 소리로 떠올리고(예: 나무), 이를 음소로 분해하여

연령기	초기 유년기 (약 1~3세)	3세의 위기 (약 3세)	전 학령기 (약 4~7세)	7세의 위기 (약 7세)	초기 학령기 (약 7~8세)	중기 학령기 (7~8세 이후)
문해력	발생적 문해력	초기 문해력		기초 문해력		기능적 문해력
그리기 ↓ 쓰기	무작위 그리기 ↓ 의도적 그리기	사물/대상 그리기 그림 문자, 표의 문자 (1차 상징, 재현)		말 그리기 (2차 상징, 이중의 추상화)		글쓰기 ↓ 기능적 쓰기
개인별 과업		개똥이 ➡		소똥이 ➡		말똥이

• 연령기별 문해력 및 상징 기능의 발달과 개인별 과업 •

ㄴ, ㅏ, ㅁ, ㅜ 라는 각각의 문자 기호로 연결한 후 그 기호를 씁니다. 초기 쓰기 학습에서 이런 이중의 추상화라는 정신 과정은 겉으로 드러날 정도로 확연해요. '나는 오늘 학교에 갔습니다.'를 쓰기 위해 "나아, 느은, 오오, 느을, 하악, 교오, 에, 가았, 스읍, 니이, 다아." 소리를 내며 문자 기호를 써 내려가는 어린이의 모습은 우리에게 너무나 익숙하지요.

이런 과정에서 '나'를 쓰기 위해 'ㄴ'과 'ㅏ' 소리와 문자 기호를 먼저 머릿속에 떠올리는 과정 자체가 쓰기라는 행위에 인지적 층을 삽입하는 일입니다. 의식적으로 떠올리며 행위하는 과정, 그 자체예요. 모든 낯선 행동을 수행할 때 하나하나 의지적으로, 의식적으로 떠올리며 혼잣말을 해 가면서 수행하는 과정 자체가 말과 행동에 인지적 층을 삽입하는 연습인 셈이죠. 의식적, 의지적 노력은 숙달되면 자동화됩니다. 의식하지 않아도 할 수 있게 됩니다. 처음 하는 낯선 행동을 시도할 때는 혼잣말을 중얼거리면서 하다가 익숙해지면 마음속으로 떠올리며 하고, 완전히 숙달하면 그런 기제 없이도 거의 무의식적으로 수행하는 과정에 다다르게 되지요.

1학년 교실에서 '쓰기' 학습은 그런 의미를 지닙니다. 단순히 쓰기 기능을 숙달하는 것일 뿐 아니라 말과 행동에 인지적 층을 삽입하는 것, 내적 자아와 외적 인격 간의 분화를 촉진하는 것, 나의 행동에 관한 생각, 나의 말에 관한 성찰이 가능한 정신 기능을 숙달해 가는 과정인 셈입니다. 이중의 추상화 기능을 수행하면서 글을 쓰고 이에 숙달하는 행위는 학령기 학습에 필요한 의식적 파악과 지각을 위한 준비 과정이라고 보아도 과언이 아니에요. 그렇기에 비고츠키는 이를 '발달 단계에 맞는' 교수-학습이 아니라 '발달을 이끄는' 교수-학습이라고 부릅니다.

언제 한글을 가르쳐야 할까?
바로 아이가 호기심을 갖고 배우려 할 때!

Q **입학하기 전에 자음, 모음을 다 익히고 나서 학교에 들어가는 게 맞을까요? 아니면 학교에서 선생님과 익히도록 두는 게 좋을까요?**

A 한글을 배우고 들어가야 한다는 인식이 일반화되어 있어서 선행학습을 하지 않은 보호자들은 상당한 불안감을 느끼는 것이 사실이에요. 그러나 언제나 확인하게 되는 것은 가정에서 충분한 언어적 의사소통을 하며 책을 읽어 주는 활동을 꾸준히 한 아이는 학교 교육과정만으로도 충분하게 읽기와 쓰기에 숙달하게 된다는 거예요. 오히려 너무 어린 나이에 한글 학습지를 시작하는 경우가 더 큰 어려움을 만들어 내지요. 아이의 현 상태보다 너무 먼 발달 영역을 요구하면서 문자 학습 자체에 대한 정서적 거부감이 쌓인 경우, 충분히 인지 기능이 발달한 나이가 되었는데도 심리적 요인 때문에 자발적인 학습을 시작하지 못하는 사례가 많아요. 3세 때부터 한글 학습지를 한 개똥이는 '가나다라'를 순서대로 잘 읽습니다. '아야어여'도 잘 읽어요. 그런데 마, 사, 하, 타 이렇게 배열해 놓으면 읽지 못합니다. 순서를 외운 것이지, 소릿값과 문자를 대응시켜서 읽었던 것이 아니기 때문이지요. 아이는 글자 공부는 하기 싫고 괴로운 일이라고 인식합니다. 그러니 1학년 1학기 말이 되도록 단자음+단모음 글자도 읽지 않으려고 하지요. 인지 기능의 문제가 아니라, 정서적 회피가 문자 학습을 거부한 사례예요.

그렇다면 너무 먼 발달 영역이 아닌 경우는 어떤 것일까요? 아이가 글자에 호기심을 보이고 엄마처럼 책을 읽을 때 밑줄을 그으며 읽고 싶고 글자를 배우고 싶다고 요청하는 경우입니다. 듣기와 말하기 같은 입말은 자연 발생적으로 학습하게 되지요. 특별한 의지적 노력이나 의식적인 학습 없이 배울 수 있어요. 다만 모국어를 사용하는 사회적 환경에 노출되어야 한다는 조건이 있습니다. 언어적 상호작용이 결여된 환경이나 다문화 등 이중 언어 환경에 노출된 아이들의 경우, 입말 학습에도 의지적 노력과 의식적 학습이 필요한 이유예요.

입말은 어른들의 말에 둘러싸인 환경 속에서 자연적으로 습득하게 되지만, 글말은 자발적이고 의식적인 학습이 필요한 영역이라 아이들의 자발성이 무엇보다 중요합니다. 시기를 특정하지 말고 아이가 글자에 호기심을 갖고 배우고 싶어 할 때 가르치면 됩니다. 학교에 들어갈 때까지 글자에 관심이 없는 아이라면 학교에 가서 배우면 되겠지요.

2부

모두가 말하는 교실

4장

말을 그려 봐요

대상을 그대로 나타내는 수준의 그림 문자적 그리기와 지팡이를 그려서 노인을 나타내는 표의 문자적 그리기 단계는 1차적 상징 단계입니다. 그러던 어린이가 말을 그린다는 것은 2차 상징으로 도약한다는 것을 의미하지요. 사과도 세 개, 지우개도 세 개, 장난감도 세 개인데 이것을 3이라는 숫자로 추상화하는 것 역시 2차 상징이에요. 초등학교 1학년의 교육과정 전반은 모두 이렇게 심리적 도구인 언어와 기호에 담긴 상징과 추상화를 익히는 과정입니다.

2차 상징인 문자를 가르치면서 외적 유사성, 즉 재현적 측면을 지나치게 부각하는 것은 일반적인 어린이 발달과는 거리가 먼 접근법이에요. 예를 들어 ㅈ의 소릿값과 문자 형태를 가르치기 위해 자전거 그림에서 ㅈ을 찾아보게 하는 방식 같은 것입니다. 전 학령기 어린이에게는 적합한 방법일 수 있지만 이미 그 과정을 넘어선 어린이에게는 2차 상징과 추상의 기능을 학습하는 과정을 방해할 수 있어요. 우리글은 소리 문자이므로 소릿값에 부여된 고유한 기호인 자모의 형태를 자연스럽게 익힐 수 있도록 다양한 활동을 하는 것이 좋습니다.

2022개정교육과정은 초등학교 1학년 입학 적응 교육 시간을 절반으로 축소하고, 그 시간(약 34시간)을 국어과 교육과정으로 편성하여 한글 문해 교육을 강화하겠다고 발표했습니다. 이미 2015개정교육과정에서 한글 문해 교육을 강화한다는 명분 아래 자음에서 모음, 글자에서 낱말, 낱말에서 문장으로 진행되는 발음 중심(상향식) 문자 지도 위주의 교과서 구성으로 재미없고 지루한 교과서가 되었다는 비판을 받은 적이 있습니다. 저도 교과서의 실물을 받아 보고 수업을 진행해 본 결과, 지난 교과서보다 지루하고 재미없는 교과서라는 평가를 할 수밖에 없었습니다. 3, 4월에 배울 국어 교과서의 절반 이상이 따라 쓰기나 베껴 쓰기라는 사실은 한글 해득이 더딘 아이들에게 쓰기 노동만 강제하는 것 같아서 걱정되기도 하고요.

소릿값 찾아보기

3월, 우리 반 아이들의 문해력 발달 혹은 2차 상징 학습에 대한 준비 정도를 확인하기 위해 아이들이 매일 하는 말에서 소릿값을 찾아보는 활동으로 시작해 보는 것이 좋습니다. 우리가 사용하는 소릿값은 정해져 있어요. 14개의 자음과 10개의 단모음입니다. 자음보다는 홀로 소리 낼 수 있는 모음부터 시작하는 것을 권장해요. 이미 선행학습으로 자모의 순서를 외우고 오는 아이들이 자모의 형태에 집중하지 않는다는 것을 우려하여 순서대로 가르치면 안 된다는 지침을 제시하지만, 이 활동은 이미 기초 문해력을 갖춘 아이들과 초기 문해력도 부족한 아이들이 공존하는 교실에서 진행되는 활동이고, 순서를 외는 것이 아니라 소릿값을 찾는 활동이기 때문에 크게 상관없어요.

한 차시에 하나씩 소릿값 찾기 활동을 합니다. 모음에서 시작해서 자음으로 이어 갑니다. 모음을 배우고 자음을 배우면 자음을 배울 때 앞서 배운 모음과 연결해서 자음과 모음이 만나 또 다른 소릿값과 글자가 만들어진다는 것을 자연스럽게 학습할 수 있어요. 아이들의 말과 표현에서 시작하는 쓰기 학습을 위해 모든 어린이에게 발표 기회를 주는 것이 필요합니다. 앉은 순서대로 돌아가며 발표하게 하면 자기 순서를 예측할 수 있어서 긴장도가 떨어질 수 있지요. 매일 같은 활동을 반복하면 긴장도는 더 낮아집니다. 누구도 소외되지 않고 자

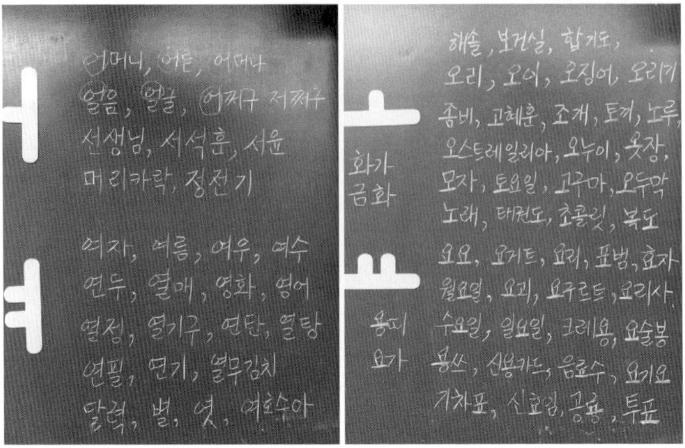

모음 ㅓ, ㅕ, ㅗ, ㅛ 소리가 들어가는 말 찾기 결과

기 목소리가 교실에 울릴 수 있게 기회를 주어야 교사는 모든 어린이의 목소리를 듣고 그에 맞는 진단을 할 수 있습니다.

첫 시간, 홀소리 이야기를 들려주며 모음 ㅏ 소리를 찾아봅니다. 학생들은 돌아가면서 ㅏ 소리가 담긴 낱말을 찾아서 말하고, 교사는 칠판의 ㅏ 카드 옆에 아이들의 말을 문자로 적어 줍니다. 발표하기 어려운 경우에는 언제든 '통과'를 외치고 넘어갈 수 있게 하지요. 아이들의 말을 적은 칠판을 보며 함께 소리 내어 읽으며 ㅏ 소리가 어디에 있는지 찾아서 다른 색으로 표시해 봅니다.

모음 10개가 끝나면 자음 ㄱ으로 이어집니다. 모음 ㅏ부터 자음

• [도입] 홀소리 이야기

- (교사) 칠판에 모음 카드를 붙이며 홀소리 이야기를 들려준다.
- (학생) 공책과 색연필을 준비한다.

홀소리 이야기

홀소리는 홀로 소리를 낼 수 있어서 홀소리입니다.
(모음 카드를 붙이며) '아, 야, 어, 여, 오, 요, 우, 유, 으, 이'
(ㅏ 카드를 아래로 내리며) 처음에 나오는 소리는 '아'
오늘은 '아' 소리가 들어 있는 말을 찾아보고 또 공책에 써 볼 거예요.

• [활동] 모음 ㅏ 소리 찾기

- (공동) ㅏ 소리가 들어간 말을 찾아 예시로 알려 준다.
- (학생) 돌아가며 ㅏ 소리가 들어간 말을 발표한다. 없으면 '통과'하고 넘어간다.
- (교사) 학생이 말하는 소리를 칠판에 써 준다.
- (공동) 교사가 칠판에 쓴 말을 하나하나 따라 말해 본다.

• 모음 ㅏ 소리 찾기 활동 구성안 •

• [도입] 홀소리와 닿아야 소리가 되는 닿소리

– (교사) 자음 카드를 붙여 주며 닿소리 이야기를 들려준다.
– (학생) 공책과 색연필을 준비한다.

닿소리 이야기

(모음 카드를 보여 주며) 우리는 홀소리를 배웠어요. 그런데 홀소리와 만나야 소리가 만들어지는 것도 있어요. (ㄱㄴㄷ 자음 카드를 붙이며) 닿소리는 홀소리랑 닿아야, 홀소리랑 만나야 소리가 되는 글자예요. 닿아서 나는 소리 닿소리를 오늘부터 배워 봅시다.

• [활동] 자음 ㄱ 소리 찾기

– (학생) 돌아가며 ㄱ 소리가 들어간 말을 발표한다. 없으면 '통과'하고 넘어간다.
– (교사) 학생이 말하는 소리를 칠판에 써 준다.
– (공동) 교사가 칠판에 쓴 말을 하나하나 따라 말해 본다.

• 자음 ㄱ 소리 찾기 활동 구성안 •

ㅎ까지 차시별 수업 전개는 비슷하게 진행합니다. 수업의 전개는 비슷하게 반복되지만 배우게 되는 소릿값과 자모는 매 차시 달라져요. 이것은 활동의 안정성, 새로 배우는 소릿값에 집중할 수 있는 환경을 지원하기 위한 거예요.

학생들이 발표하는 낱말을 통해서 자모의 소릿값 이해 수준을 파악할 수 있습니다. 예를 들어 ㅏ 자가 들어가는 말로 '아기, 아빠, 아파트'를 말하는 학생보다 '강감찬, 하늘, 학교'를 말하는 학생이 소릿값과 문자의 대응에 관한 이해 수준이 높다는 것을 알 수 있지요. 앞쪽의 칠판 사진에서 소릿값 찾기 초반 활동 결과인 왼쪽(ㅓ, ㅕ)보다 오른쪽(ㅗ, ㅛ)에 더 다양한 낱말이 더 많이 나타나는 것을 확인할 수 있어요.

소리와 문자의 대응 배우기

아이들이 사용하는 말에서 소릿값을 찾는 활동은 소릿값에 맞는 문자 기호와 연결하여 쓰는 활동으로 바로 이어집니다. ㅏ 소리를 찾았으니 ㅏ 소리를 상징하는 기호를 써 보는 활동이에요. 자모의 획순을 보여 주기 위해 획마다 색연필의 색을 다르게 사용하는 방법도 있어요. 1획 빨강, 2획 파랑, 3획 주황, 4획 초록, 이런 식입니다. 모음을 쓴 다음 공책 하단에 ㅏ 소리가 들어간 말을 그림으로 그려 보게 해요. 이 단계는 1차 상징의 단계, 그림 문자적 재현 단계입니다. 글자로 쓰고 싶다는 아이가 있다면 의사를 존중해 줍니다. 이미 초기 문해력 단계에 진입한 학생임을 교사는 확인할 수 있어요.

• [도입] 홀소리와 닿아야 소리가 되는 닿소리

– (교사) ㅏ 소리를 공책에 쓰는 방법을 실물화상기로 보여 준다.
– (학생) ㅏ 소리를 쓴다.
– (교사) 학생이 쓰는 것을 살피며 도움을 준다.

• [활동] ㅏ 소리가 들어간 말을 그림이나 글자로 표현하기

– (교사) 공책 하단에 ㅏ 소리가 들어간 말을 그림이나 글자로 표현하는 방법을 예시한다.
– (학생) ㅏ 소리가 들어간 말을 그림이나 글자로 쓴다.
– (교사) 학생이 쓰는 것을 살피며 도움을 준다.

• [마무리] 〈ㅏ 자가 들어가는 말〉 노래 부르기

– (다 같이) 아아아 자가 들어가는 말, 아파트, 아빠, 아기, 아줌마, 학교, 아이스크림

• ㅏ 소리 쓰기와 ㅏ 소리가 들어간 말 그리기 활동 구성안 •

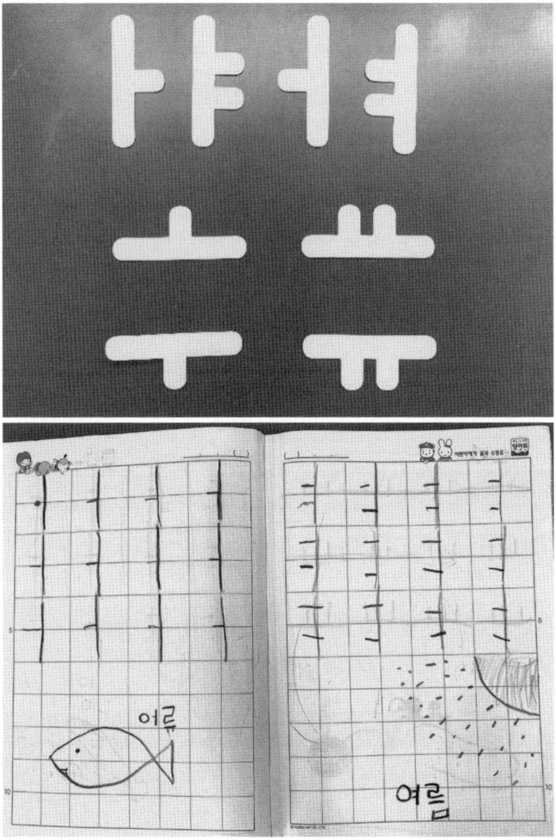

모음 카드와 ㅓ와 ㅕ 소리 쓰기 예시

• [활동 1] ㄱ 소리 쓰기

– (교사) ㄱ 소리를 공책에 쓰는 방법을 실물화상기로 보여 준다.
– (학생) ㄱ 소리를 쓴다.
– (교사) 학생이 쓰는 것을 살피며 도움을 준다.

• [활동 2] ㄱ에 모음 붙이기

– (교사) ㄱ에 모음자를 순서대로 붙여 쓰면서 어떤 소리가 나는지 알려 준다.
– (학생) ㄱ에 모음자를 붙여 쓴다.
– (교사) 학생이 쓰는 것을 살피며 도움을 준다.

• [활동 3] ㄱ소리가 들어간 말을 그림이나 글자로 표현하기

– (교사) 공책 하단에 ㄱ소리가 들어간 말을 그림이나 글자로 표현하는 방법을 예시한다.
– (학생) ㄱ 소리가 들어간 말을 그림이나 글자로 쓴다.
– (교사) 학생이 쓰는 것을 살피며 도움을 준다.

• [마무리] 〈ㄱ하고 ㅏ가 만나면〉 노래 부르기

– (노래 예시)

ㄱ하고 아가 만나 가가 되고 ㄱ하고 야가 만나 갸가 되고 ㄱ하고 어가 만나 거가 되고
ㄱ하고 오가 만나 고가 되고 ㄱ하고 요가 만나 교가 되고 ㄱ하고 우가 만나 구가 되고
ㄱ하고 으가 만나 그가 되고 ㄱ하고 이가 만나 기가 되고 가하고 기역 만나 각이 되고
ㄱ하고 여가 만나 겨가 되지요. ㄱ하고 유가 만나 규가 되지요. 고하고 기역 만나 곡이 되지요

• ㄱ 소리 쓰기와 ㄱ 소리가 들어간 말 그리기 활동 구성안 •

ㄷ과 ㄹ, ㅅ과 ㅇ이 모음과 만나서 나는 소리 쓰기와 그리기 예시

자음을 배울 때는 자음 옆에 모음을 붙여 써서 소릿값이 어떻게 달라지는지 확인해 볼 수 있게 합니다. 가, 갸, 거, 겨, 고, 교, 구, 규, 그, 기를 읽을 때 목소리에 변화를 주어 '이번에는 아빠 목소리로 읽어 볼까?' 하면 이미 학습하고 온 학생들도 즐겁게 참여합니다. 이마저도 익숙해져서 지루해지면 소리의 고저, 장단에 변화를 주면서 읽

을 수 있어요.

약 3주간 매일 두 차시씩 진행되는 소릿값 찾기와 문자와의 대응 관계에 관한 학습이 마무리되면 학생들의 공책을 보면서 개별 학습 상황에 대해 진단합니다. 하루하루 진행하는 수업 상황에서 확인하지 못했던 것들을 전반적인 흐름과 함께 진단할 수 있지요. 앞의 예시를 보면 ㄷ과 ㄹ을 그린 학생이 그림 문자적 쓰기 단계(초기 문해력)라면 ㅅ과 ㅇ을 쓴 학생은 말 그리기를 넘어 말을 쓰는 단계(기초 문해력)에 진입했음을 알 수 있어요.

소릿값을 찾아보고 쓰거나 소리가 들어간 말을 그리거나 써 보는 이 수업은 사회적 활동(공동)에서 개인적 활동(개별)으로 움직입니다. 즉, 다 함께 하는 'ㅏ 소리 찾기, ㅏ 자가 들어가는 말 읽기'에서 중간 단계인 '집 그리기, ㅏ 소리 쓰기', 마지막으로 혼자서 하는 'ㅏ가 들어가는 낱말 찾아서 그리거나 쓰기'로 이동합니다(공책 활용 방법은 다음 동영상을 참고하세요. 우리말 우리글 공책 활용 예시 https://youtu.be/KzDMVTlhzAA [살구쌤(저자의 별명)의 초등 1학년 첫 국어 공책], 자모가 들어갈 집짓기 https://youtu.be/i12Ihgc6evA [살구쌤의 초 1 첫 공책, 우리말 우리글 공책 만들기]).

살구쌤의
초등 1학년 첫 국어 공책

살구쌤의 초 1 첫 공책,
우리말 우리글 공책 만들기

우리말, 우리글 신나는 첫걸음은?

3월에 우리 반 아이들의 문해력 발달 정도를 확인하기 위해 아이들이 매일 하는 말에서 소릿값을 찾아보는 활동으로 시작해 보는 것이 좋습니다. 한 차시에 하나씩 소릿값 찾기 활동을 합니다. 모음에서 시작해서 자음으로 이어갑니다. 모음을 배우고 자음을 배우면 자음을 배울 때 앞서 배운 모음과 연결해서 자음과 모음이 만나 또 다른 소릿값과 글자가 만들어진다는 것을 자연스럽게 배울 수 있지요.

첫 시간, 홑소리 이야기를 들려주며 모음 ㅏ 소리를 찾아봅니다. 학생들은 모두 돌아가면서 ㅏ 소리가 담긴 낱말을 찾아서 말하고, 교사는 칠판의 ㅏ 카드 옆에 아이들의 말을 글자로 적어 줍니다. 발표하기 어려운 경우에는 언제든 '통과'를 외치고 넘어갈 수 있게 합니다. 아이들이 찾은 말에서 아이들의 음운 인식 정도를 파악할 수 있어요. 자모음의 소릿값 찾기는 교사와 학생들이 함께하는 공동 활동이에요. 그리고 개인 활동으로 넘어갑니다.

소릿값에 대응하는 문자를 연결하는 과정은 초기 문해력에서 매우 중요한 과업이지요. ㅏ 소리를 찾아보았으니 공책에 ㅏ 소리가 들어갈 집을 만들고 ㅏ 소리를 써 봅니다. 자모의 획순을 보여 주기 위해 획마다 색연필의 색을 다르게 사용하기도 해요. 빈 곳에는 ㅏ 소리가 들어가는 말을 찾아서 그림이나 글자로 표현할 수 있게 하지요. 모음이 끝나면 자음을 시작하고, 자음을 쓴 다음에는 모음을 붙여서 자음은 모음과 만나야 소리가 된다는 것을 자연스럽게 학습할 수 있게 합니다.

공동 활동에서 개인 활동으로 수업 디자인하기

소릿값을 찾아보고 쓰는 수업을 할 때 아이마다 속도가 다릅니다.

그래서 소릿값 찾기를 할 때 먼저 두 가지를 안내합니다. 하나는 생각이 안 나면 언제든지 '통과'를 외치면 된다는 것, 또 하나는 앞에서 말한 것과 같은 걸 생각했으면 똑같아도 괜찮으니까 말해도 된다는 것을요. 이런 안내는 모든 어린이를 위한 것이면서 동시에 배움이 더딘 아이들에게 심리적 안정 장치를 만들어 주는 것과 같아요. 더불어 이런 활동을 매일 여러 가지 내용 (겪은 일 소감 말하기, 오늘 공부한 것 중 재미있었던 것 말하기 등)으로 반복해야 합니다. 그 과정에서 아이들은 돌아가며 발표하는 게 특별한 활동이 아니라 친구들이랑 말하는 것처럼 편하게 하고 싶은 말을 하는 일이라고 인식하게 되지요.

말하기에서 쓰기로 넘어가는 교실에서 중요한 것은 함께하는 활동(타자와의 상호작용 활동)에서 개인 활동(자신과의 상호작용 활동)으로 연결되는 수업 디자인입니다(181쪽). 소릿값 찾기가 공동 활동이라면 소릿값 쓰기는 개인 활동이에요. 공동 활동을 할 때 교사는 아이들이 배움의 '흔적'을 찾을 수 있는 보조 장치를 마련해 둡니다. 소릿값 찾기를 하며 교사가 칠판에 써 놓은 낱말들이 바로 그 흔적이에요. 배움이 더딘 개똥이는 칠판에 교사가 써 준 것을 보고 따라 쓰거나 그리는 방식으로 도움을 받을 수 있지요. 더불어 개인 활동을 하는 동안 교사는 스스로 해결할 수 있는 아이들 속에서 시간적 여유를 갖게 되고 도움이 필요한 개똥이를 개별적으로 지원해 줄 수 있습니다.

속도가 다른 아이들이 어우러져 배우는 교실

세상의 모든 교실에는 개똥이와 말똥이가 있습니다. 이 아이들이 함께 어우러져 서로 직간접적인 영향을 주고받으며 자기 속도에 맞게 배움을 이어가는 곳이 교실입니다. 개똥이처럼 초기 문해력 단계의 어린이에게 똑같은 자모음자를 반복해서 쓰라고 하는 것은 학습 활동을 지적 반응에서 조건적 반응의 층위로 하강시킬 수 있지요.

말똥이처럼 이미 기초 문해력 단계에 진입한 아이들 또한 마찬가지입니다. 소릿값과 자음자, 모음자를 대응시킬 수 있는 말똥이에게 따라 쓰기, 베껴 쓰기는 너무 지루한 활동입니다. 이럴 때 추측하기 게임이나 암호 풀기 같은 활동을 도입합니다.

추측하기 게임은 모음 카드나 자음 카드를 비밀 주머니에 넣고 어떤 소리가 나는 카드인지 알아맞히는 놀이입니다. 개똥이는 각 카드의 자모음자를 소릿값과 연결하는 공부가 되고, 말똥이는 게임이라는 요소에서 흥미를 느끼며 전략적으로 게임에 참여하게 되지요. 암호 풀이는 자모음자에 암호를 주고 암호에 맞는 자모음자를 찾아서 쓰면 글자가 완성되는 놀이 학습입니다. 말똥이는 이미 아는 글자를 게임처럼 풀어 가니까 재미있고, 개똥이는 자음과 모음이 만나 글자가 되고 어떤 소리가 만들어지는지를 깨칠 기회가 되어 좋습니다. 배우는 내용이 동일하다면 지적으로 대응할 수 있도록 배우는 방법이나 역할, 규칙을 때에 맞게 변화시키는 것이 좋은 학습 전략이지요.

5장

말을 써 봐요

이제까지 일상생활에서 사용하는 말에서 소릿값을 찾고 소리와 문자의 대응을 학습하는 과정을 공부했습니다. 이는 선행 학습으로 문자 학습에 지친 아이들이나 문자 학습을 거부하는 아이들 모두 즐겁게 참여하는 경험이 될 수 있어야 해요. 아직 초기 문해력에 머무는 아이들에게는 쓰기의 필요를 느끼도록 하는 것이 중요하지만, 이미 기초 문해력을 숙달한 아이들에게는 이 과정이 지루한 반복의 과정이 되지 않도록 조정해야 합니다. 그러나 교사들에게 더 큰 고민은 '소릿값 찾기 활동에서 소릿값을 식별하지 못하는 어려움이 그대로 드러나는 아이들을 어떻게 지도해야 하는가'의 문제일 거예요.

교사 : 오늘은 개똥이부터 이야기해 볼게요. ㅜ가 들어가는 말 찾아봅시다.

개똥이 : 저요.

교사 : 어? 뭐라고요? 못 들었어요.

개똥이 : 저요. 저 이름에 들어가요.

교사 : ◯유◯이니까 ㅜ가 아니라 ㅠ가 들어가요. ㅜ와 ㅠ는 다르죠? ㅜ가 들어가는 거 뭐가 있을까?

개똥이 : …….

교사 : ㅜ가 들어가는 거요. 안 하고 싶으면 통과하고요. (칠판을 가리키며) 여기에서 보고 말해도 돼요.

개똥이 : 우유?

교사 : 맞아요. 우유, 우리가 매일 먹는 우유에 ㅜ가 들어가죠. 그다음, 소똥이?

소똥이 : 우산.

교사 : 그다음, 말똥이?

말똥이 : 나라 국.

학생들 : 어, 한자다.

_3월 14일 '우리말 우리글' 수업 영상에서

ㅜ 소리를 찾는 활동을 하는 교실 모습입니다. ㅏ부터 시작했으니 벌써 일곱 번째 시간이에요. 아직 3월이고 반 아이들의 문해력 정도를 면밀히 파악하지 못한 교사는 개똥이가 음소 식별에 어려움이 있다는 것을 인지하지 못하고 있지요. 그전까지 개똥이는 다른 친구들이 하는 답을 들으며 준비할 여유가 있었기 때문에 그런 어려움이 드러나지는 않았던 것 같아요. ㅜ 소리와 ㅠ 소리를 아직 구분하지 못하는 개똥이는 이게 단순히 식별이 안 되는 문제일 수도 있고, 청각적 문제가 있을 수도 있어요. 반면 소똥이는 '우산'을 말하고 말똥이는 '나라 국'을 말합니다. 개똥이가 초기 문해력 발달에 대한 면밀한 진단이 필요하다면, 소똥이는 기초 문해력으로 넘어가는 과정이고, 말똥이는 이미 기초 문해력을 숙달하고 있다는 것을 확인할 수 있습니다. 이렇게 같은 교실이지만 아이들이 처한 상황은 저마다 다르지요. 개똥이가 부담을 갖지 않고 이후 수업에도 적극적으로 참여할 수 있게 하기 위해서는 어떻게 해야 할까요? 말똥이를 위해서는 무슨 준비가 더 필요할까요? 각자 수준에 맞는 학습지를 주고 풀어 오게 하는 게 정답일까요?

그리기보다 쓰기가 쉬울 때

날마다 쓰는 말에서 소릿값을 찾아보고 그 소릿값을 표시하는 문자 기호를 써 보고, 그 소리가 들어 있는 낱말이나 이름을 그림으로 그리는 활동을 지속합니다. 어느 순간 아이들은 그림으로 그리는 것보다 글자로 쓰는 것이 더 쉽다는 것을 발견하지요. ㅜ 소리를 배운 다음 ㅠ 소리를 배울 때 나눈 교실 담화예요.

교사 : ㅠ자가 들어가는 낱말은 뭐가 있을까요?

학생1 : 유유, 유럽.

교사 : 유럽, 유럽은 너무 그리기가 어려워서 못하겠어요.

학생 2: 쓰면 되잖아요. 쓰면 되잖아요, 글씨로.

교사 : 글자로 쓰면 될까요? 그럼 써 볼까요?

(칠판에 그림을 그리는 대신 '유럽'이라고 쓴다)

학생2 : 유럽은 나라가 아니잖아.

학생 3 : 유자차, 유자차. 선생님, 유자차도 글씨로 써요.

_3월 14일 '우리말 우리글' 수업 영상 중

'유렵'은 그림으로 그리기가 너무 어렵다고 하니 아이들은 글자로 쓰면 된다고 알려 줍니다. 교사는 이것을 놓치지 않고(유렵을 그리기 어렵다고 할 때부터 이미 예측하고) 글자로 쓰는 모습을 보여 주지요. 교사는 '그리는 것보다 쓰는 것이 쉬울 때'가 있다는 것을 아이들이 깨우치고 그런 요구가 나타날 때까지 기다렸던 셈입니다. 그러나 이렇게 빨리 글자로 쓰고 싶다는 요구가 나올 거라고 예상하지는 못했습니다. 교사가 '유렵'을 글자로 써 주면 이를 글자로 쓰는 아이, 글자로 그리는 아이, 그리지도 쓰지도 않는 아이로 나뉩니다. '유렵'을 그리지도 쓰지도 않고 다른 것을 선택해서 그릴 선택의 자유도 보장해 주어야겠지요.

그리는 것보다 쓰는 것이 쉽다는 것을 발견한 아이들은 이후 진행되는 소릿값 찾기 수업에서 이제 그림 대신 글자 쓰기를 선호합니다. 글자 쓰기가 능숙하지 않은 아이들도 글자를 그리며 동참하지요. 그러나 여전히 그림으로 재현하며 1차 상징에 머무르는 아이들이 있어요. 조급해할 필요는 없습니다. 초기 문해력에서 기초 문해력으로, 1차 상징에서 2차 상징의 세계로 넘어갈 시간은 아직 많이 남아 있기 때문이지요. 그림을 그리는 활동을 제지하지 않고 격려해 줍니다. 여러 친구가 그림으로 그리는 것보다 문자로 쓰는 것이 더 쉽다는 것을 스스로 증언했듯이, 개똥이도 낱말을 그리지 않고 쓰는 게 더 쉽다는 것을 깨닫는 날이 올 것이기 때문입니다.

개똥이가 부담을 갖지 않고 수업에 계속 참여할 수 있게 하는 지름길은 개똥이의 속도를 존중해 주면서 일 년을 내다보는 여유에서 나옵니다. 말똥이가 지루해하지 않고 지속적인 자극을 받으며 수업에 참여할 수 있게 하는 것 역시 말똥이의 속도를 존중해 주면서 먼저 가는 말똥이의 걸음이 다른 친구들에게 잘 보이도록 교사가 교실 담화를 끌어가며 지지해 주는 것이죠. 이 세상 어느 교실에나 개똥이, 소똥이, 말똥이가 있습니다. 이 셋은 함께 어울리며 서로서로 배우는 관계입니다. 누가 잘하느냐 못하느냐보다 저마다의 속도에 맞게 배워 갈 수 있도록 지원하는 장치를 마련하는 것이 중요합니다.

말하기보다 쓰기가 필요할 때

모음부터 자음까지 소릿값 찾기와 자모음 쓰기 활동을 마무리하면 4월입니다. 이 시기에는 개똥이나 소똥이가 소릿값과 문자 기호를 바르게 연결하는 것을 숙달할 수 있는 다양한 놀이를 진행해요. 정육면체 블록을 이용해 자모음자를 만들어 보기도 하고, 색종이를 이용해 자모음을 잘라 붙여 보기도 하고, 몸으로 자모음을 표현해 보기도 하지요. 손으로 쓰기만 하는 것이 아니라 '모양(상징)'을 머릿속에 떠올리고 재현하는 과정을 연습하면서 인지적 층의 삽입을 원활하게 해 주는 활동입니다. 이런 활동에 말똥이도 즐겁게 참여합니다.

자모음자와 소릿값에 익숙해지면 추측하기 게임을 해요. 먼저 모음자부터 시작합니다. 모음자 카드 10개를 칠판에 붙여 놓습니다. 같은 모음자 카드를 비밀 주머니에 넣고 모음자 하나를 뽑습니다. "이 모음자는 어떤 소리가 날까요?" 물으면 앉은 순서대로 모음자를 하나씩 외칩니다. 대부분의 아이가 무작위 수준으로 응답합니다. 내 앞에 소똥이가 'ㅜ'라고 외쳐서 땡! 소리를 들었는데 바로 뒤 뱀똥이도 'ㅜ'라고 외치고, 누군가 이미 'ㅏ'라고 해서 틀렸는데 개똥이도 'ㅏ'라고 외치는 1학년 교실을 상상하는 게 어렵지 않을 겁니다. 그 와중에 "ㅜ는 하면 안 돼, ㅏ는 틀린 거니까 말하면 안 된다고." 하며 안타까워하는 몇몇 아이가 나타나지요.

그러나 그 소수의 아이도 어떤 게 나왔는지 기억했다가 그걸 제하고 답하는 일은 쉽지 않습니다. 그때 교사는 아이들에게 종이와 연필을 제공합니다. 마치 루리아가 3~6세 어린이들에게 기록용 도구를 주고 기억해야 할 긴 문장이나 낱말을 나열하라고 했던 것처럼요. 답을 찾기 위해 사용할 전략은 이미 답이 아닌 것으로 확인된 모음자는 제외해야 한다는 것입니다. 그러나 그 모음자가 무엇인지 기억하기 위해서는 기록이 필요합니다. 말똥이를 비롯한 몇몇 아이는 이제 종이에 답이 아닌 것을 적기 시작합니다. 그러자 점점 정답을 찾을 확률이 높아집니다.

10개의 모음 중 하나를 골라 무작위로 외칠 때는 우리 반 22명이 한 바퀴를 다 돌며 정답을 외쳤는데도 게임이 끝나지 않았습니다. 종이와 연필을 준비해 주고 쓰기 시작하자 한 바퀴 돌기 전에 정답이 나왔지요. 종이와 연필이 있다고 모두 집중해서 기억의 보조 수단으로 쓰기를 사용할 수 있는 것은 아니에요. 기억의 보조 수단으로 쓰기를 활용할 수 있고 집중해서 듣는다고 해도 또 다른 난관이 나타납니다. 지금까지 나왔던 ㅏ, ㅠ, ㅑ, ㅗ, ㅣ, ㅜ를 쓰긴 했는데, 남아 있는 나머지 모음이 무엇인지 하나씩 헤아리면서 찾는 데 시간이 걸리고 어렵다는 거지요. 그런 상황이 펼쳐지면 교사는 그다음 수준의 전략을 제시합니다. ㅏ부터 ㅣ까지 순서대로 적어 보고 정답이 아닌 것에 표시하며 무엇을 답할지 찾아보라고 안내해 줍니다. 그럼 추측하기 게임은 어떻게 될까요? 대부분의 학생에게 너무 쉬워서 시시하고 재미없는 게임이 됩니다.

모음자 10개로 하는 추측하기 게임이 시시해지면 자음자 추측하기 게임으로 넘어갑니다. 이 게임도 익숙해지면 받침소리 추측하기로 넘어갑니다. '자, 고, 비, 소' 같은 받침 없는 글자를 칠판에 붙여 놓고, 비밀 주머니에서 ㄱ부터 ㅎ까지 자음자 카드 중 하나를 뽑고 그 자음자를 받침으로 놓았을 때 어떤 소리가 날지 추측하는 게임입니다. 이제 추측해야 하는 소릿값은 10개에서 14개로 늘어났습니다. 그러나 이미 모음자 추측하기 게임을 통해 어떻게 답을 찾아야 하는

지 익혔기 때문에 쉬운 수준의 게임이 되지요. 다만 ㄱ 소리가 정답이라면 '자, 고, 비, 소'를 '작, 곡, 빅, 속'으로 읽어야 하는 또 다른 과업이 기다리고 있지요.

이 게임의 주요 학습 내용은 자모음의 소릿값과 자모음자의 대응을 숙달하는 것입니다. 더불어 이 게임은 말하는 것보다 쓰는 것이 필요할 때를 아이들 스스로 찾아가도록 고안된 것이면서, 동시에 지적 문제 해결 방법을 익히고 상위 인지 전략 사용을 시도해 보도록 안내하기 위한 것입니다. 초기 문해력 단계에 있든, 기초 문해력을 숙달했든, 개똥이, 소똥이, 말똥이 모두가 즐겁게 참여하면서 배울 수 있도록 설계된 활동이기도 해요.

인간의 행동과 심리 구조는 본능에 따른 무조건 반사, 습관 형성에 의한 조건적 반응, 지성을 통한 지적 해결, 의지적 작용에 의한 자발적인 생각, 감정의 통제, 의도에 따른 행위로 구조화됩니다. 본능에서 습관으로, 습관에서 지적 해결로, 그리고 지적 해결을 넘어서는 의지로 상향하지만 실제의 삶에서 이 네 층위는 피라미드 구조로 중층화되어 있어요. 어린이는 본능을 넘어선 조건적 반응을 습관화하고, 습관을 넘어 지적 해결책을 찾아가며, 제 생각과 감정, 행위를 스스로 통제할 수 있는 방향으로 발달하면서 네 층위가 중층화된 인격을 형성해 갑니다.

뒤에 나오는 표는 이를 간략히 도식화한 거예요. 도식화는 수많은 것을 생략하는 위험이 있다는 점을 고려하면서 이 표를 살펴봐 주세요. 피아제는 사회화를 발달의 궁극으로 보았지만, 비고츠키는 사회성이야말로 태어날 때부터 갖추어야 할 인간과 인간 사회의 기본이라고 보았습니다. 비고츠키가 보기에 인간 발달의 궁극은 인격의 자주성, 의지를 가진 인간이었습니다. 국가교육과정이 내세웠던 인간상과도 대비시켜 볼 수 있지요. 교육이 지향해야 할 궁극은 사회성과 문화화, 창의성을 넘어선 자주성이니까요(Vygotsky, 2013:4장).

'신형성'은 인간의 발달 과정에서 질적인 변화가 있을 때마다 나타나는 새로운 특성을 말합니다. 1학년 아이들의 비논리적 말싸움을 보며 형님들이 "야, 말도 안 되는 소리 하지 마, 뻥치지 마." 하면서 훈수를 둡니다. 그랬던 형님들도 1학년 때는 저렇게 말싸움을 하고 놀았을 테지요. 1~3세 유아에게는 "맘마 주세요. 까까 주세요."라고 말하는 것이 '신형성'이지만, 1학년 어린이에게는 거의 무의식적으로 나오는 습관적 반응이 됩니다. 1학년 어린이에게 필요한 신형성은 앞서 설명했던 것처럼 떠오르는 대로 말하는 것이 아니라, 말하기 전에 상대의 반응이나 상황 등을 생각하고 말하는 것(지성화된 말), 행동하기 전에 이 행동의 여파를 먼저 생각해 보는 것(지성화된 행동), 내 경험을 같이 겪지 않은 사람들이 이해할 수 있게 타자의 상황을 염두에 두면서 이야기하는 능력(체험의 공동 일반화)입니다.

행동 구조	심리 구조	외적 행동	인간상	신형성	문해력
의지	자발적 생각, 통제된 감정, 의도적 행위	새로운 게임이나 규칙 창조	자주적인 사람 (자주성)	의식적 자각 자기 행동 숙달	기능적 문해력 (창조적 글쓰기)
지성	지적 해결책	전략의 사용	창의적인 사람 (창의성)	지성화된 말 지성화된 행동 체험의 공동 일반화	기초 문해력 (쓰기)
습관	조건적 반응	규칙 준수, 지시 활용	교양 있는 사람 (문화화)	반응적 주의 언어화된 기억	초기 문해력 (그림 문자)
본능	무조건 반사	참여, 무작위적 반응	더불어 사는 사람 (사회성)	언어화된 지각 말하기	발생적 문해력 (무작위 그림)

• 1학년 학생들의 추측하기 게임에 나타나는 행동·심리 구조, 신형성과 문해력 발달 •

물론 7세 어린이의 모든 말과 행동에 인지적 층이 삽입되어야 하는 것은 아닙니다. 가장 아래층에 있는 본능과 그 위층의 습관에 따른 말과 행동의 비율이 더 절대적이지요. 추측하기 게임에 대한 아이들의 반응에서 확인한 것처럼, 틀린 답이라고 확인된 것은 말하면 안 된다는 인지적 반응이 필요할 때 지적인 해결책, 즉 전략을 사용할 수 있느냐 여부입니다. 본능은 피라미드 맨 아랫단의 넓은 층에서 작용하지만, 지성은 상층부, 빙산의 일각으로 작동합니다. 지성화된 말이나 행동, 체험의 공동 일반화 기능을 이미 숙달한 어른에게는 어느 정도 자동화된 반응으로 나타납니다.

1학년 어린이들은 추측하기 게임에서 무작위적으로 반응하다가, 게임 규칙을 지키고 교사의 지시를 활용하는 것이 게임에 유리함을 깨닫고, 게임의 규칙을 장악하고 지적 수단을 활용하는 지적 전략을 사용해요. 또한 그 게임을 넘어서는 새로운 게임이나 규칙을 만들어 낼 수 있습니다. 그러나 동일한 게임이 이 과정을 숙달할 정도로 반복된다면 지적 해결책으로 사용했던 전략은 습관의 수준으로, 즉 학습된 조건적 반응으로 내려가게 되고, 똑같은 게임은 시시하고 재미없는 활동이 되지요. 게임의 내용이나 규칙, 역할이 변해야 새로운 지적 전략을 동원할 수 있는 토대가 만들어져요.

거듭 강조하지만, 개똥이나 소똥이처럼 초기 문해력 단계의 어린이에게 똑같은 자모음자를 몇 번씩 쓰게 반복하여 기초 문해력을 익히도록 하는 것은 학습 활동을 지적 반응에서 조건적 반응의 층위로, 심지어 조건적 반응에서 무조건 반사로 하강시킬 수 있습니다. 말똥이처럼 이미 기초 문해력 단계에 진입한 아이들도 마찬가지예요. 배우는 내용이 동일 하다면 지적으로 대응할 수 있도록 배움의 방법이나 역할, 규칙을 때에 맞게 변화시키는 것이 교사의 좋은 학습 전략이라 할 수 있지요.

개똥이, 소똥이, 말똥이가 어우러진 교실은 다양한 심리 구조, 행동 구조, 외적 행동, 문해력 발달 단계가 나타나는 교실입니다. 그렇다면 교사는 개똥이의 그다음 구조, 소똥이의 그다음 구조, 말똥이의 그다음 구조를 끌어낼 수 있는 학습과 담화 전략을 사용해야 합니다. 단순히 쓰기 기능의 발달이 아니라 정신 기능을 비롯한 심리적 발달의 차원에서 조망할 수 있어야 합니다.

모두가 골고루 정답을 외칠 수 있게 기다리기

Q **모음자 10개 추측하기 게임, 자음자 추측하기 게임 등에서 먼저 나서서 교사의 질문에 대한 대답을 독식하는 아이가 있다면, 대답하지 않는 친구들을 기다리게 해 달라는 부탁을 어떻게 하는 게 좋을까요?**

A 모음자 추측하기를 비롯한 여러 놀이 활동을 할 때도 소릿값 찾기 활동을 할 때처럼 모든 아이에게 기회를 줍니다. 이를 위해 책상을 ㄷ자로 둘러앉을 수 있게 하고 시계 반대 방향으로 돌아가며 순서대로 대답하게 합니다. 답을 찾고 다시 게임이 시작될 때는 대답을 마친 바로 다음 아이부터 대답할 수 있게 하고요. 이때도 물론 답을 모르겠으면 '통과'를 외칠 수 있습니다. 손을 든 아이들만 답을 말하는 형식은 1학년 교실에서 거의 사용하지 않습니다. 만약 순서를 지키지 않고 대답하는 친구들이 있을 때는 게임 규칙을 다시 한번 안내합니다. 우리 교실은 모두 돌아가며 답하는 교실이니 자기 차례가 올 때까지 기다려야 한다고 알려 주면 됩니다.

겪은 일을 말로 표현하는 연습

자기 이야기를 잘할 수 없는 아이들이 글을 잘 쓰는 것은 어려운 일입니다. 하고 싶은 말을 글로 쓰는 과정에서 소리와 문자의 대응을 숙달하기 때문이지요. 무엇을 쓸지 몰라 망설이는 아이들이 참 많습니다. 그래서 다양한 표현 활동이 필요하지요.

자기 경험이나 소감을 말하는 것이 떨리고 부끄러운 일이 아니라 자연스럽고 일상적인 학습 활동이 되도록 하려면 그런 기회를 많이 주면 됩니다. 매일 돌아가면서 오늘 가장 재미있었던 게 무엇인지 하나씩 말해 보는 활동부터 주말을 지낸 이야기, 교사가 읽어 주는 그림책에 대한 소감 나누기까지 기회는 무궁무진해요.

그 과정에서 교사는 아이들의 말이 맥락적인 이해를 지닐 수 있도록 아이와 말을 주고받기turn taking와 부족한 부분을 채워 주는 끌어올리기uptake를 지속해야 합니다. 물론 모든 어린이에게 주고받기와 끌어올리기가 필요하지는 않아요.

교사: 개똥이, 일요일에 뭐 했어요?
개똥이: 몰라요. 기억 안 나요.
교사: 아침에 일어나서 세수도 안 했어요?
개똥이: 세수는 했어요.
교사: 세수하고 뭐 했어요?
개똥이: 몰라요. 기억 안 나요.
교사: 밥은 먹었어요?
개똥이: 밥은 먹었어요.

개똥이는 주말에 했던 일이 기억나지 않습니다. 체험을 언어화(의미화)해서 기억하는 인지적 경험이 부족하여 관련 기능의 발달이 더딘 아이입니다. 언어적 상호작용의 기회가 충분하지 못한 가정 환경에 우선적인 원인이 있지요. 그렇다면 어떻게 해야 할까요? 이때 교사는 아이가 겪은 일을 의미화할 수 있도록 체험 후 대화를 나누는 시간을 만들어야 합니다.

6장

내 이야기를 해 봐요

4월이 되면 학교생활에 익숙해지고 본격적인 교과 학습이 시작됩니다. 체험의 공동 일반화를 위해서는 지속해서 아이들의 이야기를 듣고, 일반화의 수준을 파악하고, 그에 맞는 지원을 해야 하지요. 어린이 각자의 언어화된 지각과 의미화된 기억, 공동 일반화 정도를 진단하기 위해 4월부터 '주말 이야기' 활동을 꾸준히 합니다.

2012년에 처음 주말 이야기 활동을 시도할 때는 러그 미팅처럼 월요일마다 우리 반 어린이들이 모두 둘러앉아 돌아가면서 이야기하는 방식으로 진행했어요. 그러나 26명 아이의 이야기를 듣는 것은 의미 있는 경험이지만, 이렇게 지속하는 한 개별적인 피드백을 주며 아이들의 향상을 기록하기에는 부적절하다고 판단했어요. 그래서 월요일마다 4~5명의 이야기를 집중해서 듣고, 이야기를 나누는 아이의 말에 주고받기와 끌어올리기를 활용해 공동 일반화를 끌어내는 방식으로 운영하게 되었지요.

주말 이야기 활동

주말 이야기 활동은 4월부터 매주 월요일 1~2교시에 국어 교과 수업으로 운영해요. 출석 번호에 따라 4명씩(여아 2명, 남아 2명씩) 돌아가며 주말에 있었던 이야기를 친구들에게 전해 주는 활동입니다. 미리 다음 주에 이야기를 나눌 아이들에게 주말에 있었던 일을 잘 기억해서 오라고 금요일에 알려 줍니다.

월요일 아침, 발표할 아이들에게 다시 상기시켜 주는 것도 좋아요. 무슨 이야기를 나눌지 생각하지 못한 예도 있으니 준비할 시간을 확보해 주는 것이지요. 1교시가 시작되면 한 명씩 앞으로 나와 주말에 있었던 일 중 기억나는 일, 재미있었던 일을 발표합니다. 한 명은 말하고, 나머지는 듣습니다. 교사는 주말 이야기를 들으며 불완전한 문장을 완전한 문장으로 바꾸어 컴퓨터에 입력하고, 아이들은 친구의 발표를 들으며 전자칠판이나 TV를 통해 '말이 어떻게 글이' 되는지 '관찰'합니다. 목소리가 작아서 잘 안 들리지만 교사가 입력하는

• [준비] 주말 이야기 안내하기

– (교사) 4~5명의 어린이에게 주말에 어떤 일을 했는지 잘 기억해 오라고 미리 안내한다.
– (학생) 연필, 색연필을 준비한다.

• [활동 1] 친구들의 주말 이야기 듣기

– (학생) 발표자가 앞에 나와 주말 이야기를 하고 나머지는 듣는다.
– (교사) 발표자의 말을 문장으로 완성해서 컴퓨터에 입력하고, 학생들이 TV나 전자칠판을 통해 이를 실시간으로 볼 수 있게 한다. 학생의 이야기가 매끄럽지 않은 경우라면 누구와? 언제? 그래서? 등등 끌어올리기를 하며 공동 일반화를 돕는다(이렇게 4명의 이야기를 듣고 글로 입력한다).

• 주말 이야기 말하기와 들으면서 보기 활동 구성안 •

모습을 눈으로 보면서 내용을 파악할 수 있고, 또 교사의 추임새(끌어올리기)를 통해 내용을 파악할 수도 있습니다.

어떤 아이는 교사의 끌어올리기가 없이 처음부터 끝까지 완전한 서사를 구성해 말할 수 있습니다. 이런 경우는 체험의 공동 일반화가 이미 형성된 것입니다. 함께 나눈 경험이 아니지만 언제, 어디서, 누구와, 무엇을, 어떻게 했는지, 느낌은 어땠는지 청자가 그 맥락을 이해할 수 있을 정도로 전할 수 있어요. 반면 어떤 아이는 4월에도, 9월에도 여전히 자신이 겪은 일을 의미화(언어화)해서 기억하지 못하고, 기억나지 않는다고 말하지요. 그런 아이는 지속적인 대화, 즉 주고받기와 끌어올리기가 필요합니다. 가정의 도움 역시 요청해야 합니다.

다음은 소똥이의 주말 이야기 녹음 자료 전사입니다. 야구장에 가서 모자를 사고 야광(봉)을 산 것은 기억하지만 나머지는 연상되는 것이 없고 재미있었다고 급하게 마무리합니다. 공동 일반화를 위해 필요한 언제, 누구와 갔는지 등이 나타나지 않습니다. 교사가 소똥이의 이야기를 듣고 질문 주고받기를 시도하고, 공동 일반화를 위해 하나하나 이야기를 구성해 가는 끌어올리기를 어떻게 진행하는지, 그 내용을 어떻게 글로 완성하는지 살펴보도록 할게요.

소똥이 : 어,야구장에갔어요. 어, 거기서, 모자도, 어, 샀고, 어, 야광하는 것도 샀어요.근데 어, 그다음 뭘 했는지 모르는데, 어, 어, 밤까지도 봤어요, 야구. 음, 재미있었어요.

교사 : 그런데 누구랑 같이 갔어요?

소똥이 : 어, 이름을 까먹었어요.

교사 : 같이 간 사람이?

소똥이 : 아빠 친구예요.

교사 : 아하, 아빠 친구랑 아빠도 갔어요?

소똥이 : 네.

교사 : 누나는요?

소똥이 : 누나도 갔어요.

교사 : 엄마는요?

소똥이 : 엄마랑도.

교사 : 밤까지 야구 시합했는데 음식은 안 먹었어요?

소똥이 : 음, 음식 먹었어요.

교사 : 뭐를 먹었어요?

소똥이 : 어, 엄마가 치킨 사 줬어요.

교사 : 또?

소똥이 : 음, 그다음은 모르겠어요.

교사 : 그다음은 모르겠어요? 밤늦게 끝났는데 지루하지 않았어요?

소똥이 : 네.

교사 : 왜 지루하지 않았어요?

소똥이 : 어, 자려고 하면 엄마가, 아이구, 그냥 모르겠어요. 재미있으니까…….

교사 : 재미있으니까 지루하지 않았던 거네요.

_9월 17일 주말 이야기 활동에서

9월 17일 월요일

소똥이의 주말 이야기

야구장에 갔다. 아빠 친구랑 아빠랑 누나, 엄마랑 같이 갔다. 거기서 모자도 사고 야구를 하는 것도 봤다. 엄마가 치킨을 사 주셨다. 근데 그다음에는 뭘 했는지 모르겠다. 그런데 밤까지도 야구를 봤다. 재미있었다.

소똥이의 주말 이야기 입력 자료와 읽기 후 활동지

소똥이는 겪은 일, 즉 체험을 언어화하기 위해 많은 대화와 상호 작용이 필요한 아이입니다. 학년 초에 오줌보를 손으로 감싸 쥐고 '쉬! 쉬~.' 하는 걸로 화장실에 가고 싶다는 표현을 했던 아이지요. 자기 의사 표현이 매우 서툴고, 편안하게 대화를 나누지 못하는 아이였고요. 한 학기가 끝날 무렵에야 띄엄띄엄 한글을 읽을 수 있게 되었어요. 9월 17일의 기록은 4~5월에 비하면 엄청난 진보를 보여 줍니다.

체험을 언어화한다는 것

다음 대화는 또 다른 날(9월 10일) 나눈 개똥이(느린 학습자)와 말똥이(빠른 학습자)의 주말 이야기예요. 개똥이와 대화를 나누는 교사의 주고받기와 끌어올리기, 개똥이와 말똥이의 차이에 주목하며 읽어 봅시다.

개똥이 : (주말에) 아무것도 안 했어요.

교사 : 밥도 안 먹었어요?

개똥이 : 아뇨, 밥은 먹었어요.

교사 : 오줌도 안 눴어요?

개똥이 : 음, 모르겠어요.

교사 : 세수도 안 했어요?

개똥이 : 세수는 원래 아침에는 안 하는데.

학생들 : (아침에 세수하는 거 아니었어?)

교사 : 오늘도 세수 안 했어요?

개똥이 : 아침에 양치할 때 했어요.

교사 : 그러면 토요일에는 아침에 세수를 안 해요?

개똥이 : 네.

교사 : 아무것도 안 했는데 밥은 먹고 세수는 안 하고, TV도 안 봤어요?

개똥이 : 음, TV는 쪼금 봤어요.

교사 : 뭐 봤어요? TV에서.

개똥이: 영화 봤어요.

교사 : 영화가 무슨 내용이었어요?

개똥이 : 어, 이름은 몰랐어요.

교사 : 누가 나왔어요?

개똥이 : 어, 몰라요. 왜냐면 이름을 몰라요.

교사 : 재미는 있었어요?

개똥이 : 네.

교사 : 그러면 아무것도 한 일이 없는 거 아니네요. 밥도 먹고 영화도 보고. 아무것도 한 게 없는 거예요? 한 게 있는데 기억을 못하는 거예요?

개똥이 : …….

교사 : 이야기해 보세요.

개똥이 : 저는 원래 모르겠어요.

_9월 10일 개똥이의 주말 이야기

말똥이 : 토요일에 이상한 일이 있었어요. 내가 아빠한테 맨날 맨날 물고기 사고 싶다고 해서 물고기를 사러 갔거든요. 아빠 차 타고

사러 갔는데(아니, 그게 아니라 '차' 타고 : 교사가 문장으로 입력하면서 오타를 내자 아이가 수정해 줌), 거기서 물고기를 구경하고 있는데 근데 갑자기 머리가 띵하더니 머리가 아픈 거예요. 머리가 계속 아파 가지고 내가 그냥 집에 가자고 해서 물고기 안 사고 그냥 집으로 왔거든요. 근데 진짜 신기한 일이 일어났어요. 아빠 차 타고 돌아오는데 제가 잠들었거든요. 근데 집에 도착하자마자 눈을 딱 떴는데 머리가 하나도 안 아픈 거예요. 진짜 신기하죠.

_9월 10일 말똥이의 주말 이야기 전사 자료

토요일에 이상한 일이 있었다. 내가 물고기를 사고 싶다고 해서 아빠랑 마트에 갔다. 아빠 차를 타고 갔다. 거기서 물고기를 구경하고 있는데 갑자기 머리가 아팠다. 너무 아파서 내가 그냥 집에 가자고 했다. 아빠 차를 타고 잠이 들었는데 집에 도착하자마자 눈을 떴다. 근데 머리가 하나도 안 아팠다. 진짜 신기했다.

_9월 10일 말똥이의 주말 이야기

(*앞에서 말똥이가 한 이야기를 교사가 문장으로 다시 정리한 것)

체험을 언어화한다는 것은 언어로 기억하는 작업이면서 동시에 기억을 언어로 표현하는 일입니다. 어떤 일이든, 어떤 체험이든 아이들에게 의미 있는 것으로 기억되지 않는다는 것은 스스로 아이들이 언어화해서 기억하는 작업이 수행되지 않았다는 거예요. 말 발달과 생각 발달이 통합되어 말로 생각하고, 생각한 것을 말로 표현할 수 있게 되는 과정에는 반드시 '언어화=의미화'가 동반됩니다. 개똥이는 말똥이보다 체험을 언어화하는 심리 기능의 발달이 더디다는 것을 대화 내용을 살피며 짐작할 수 있지요. 이런 대화, 즉 경험한 일을 말로 표현해서 전달해 보는 기회가 부족했다는 것을 개똥이의 환경적 맥락 속에서 확인할 수 있었어요. 반면 말똥이의 주말 이야기는 스스로 서사를 구성하며 공동 일반화를 합니다. 이런 경우 교사와 나누는 주고받기나 끌어올리기는 필요하지 않고요. 개똥이, 소똥이, 말똥이가 함께 있는 교실에서 말똥이가 주말 이야기를 나누는 모든 장면은 좋은 모델이 되지요.

아이들이 지각한 것을 언어로 표현하고 기억하는 체험의 언어화가 가능해야 공동 일반화도 가능합니다. 내가 겪은 일을 전하는데 이야기의 맥락을 이해할 수 있을 정도로 공동 일반화해서 말하는 것은 쉬운 과업이 아니에요. 애착 관계에 있는 어른들과의 의미 있는 상호작용 경험이 부족한 아이들일수록 체험의 언어화, 체험의 공동 일반화 기능 발달이 더디지요. 힘들지만 꾸준한 노력이 필요합니다. 학교에서는 '교사'가 주고받기와 끌어올리기를 부단히 시도해야 합니다.

그래서 대화가 되지 않는 것 같은 상황도 교사가 언어화해서 표현하고('그러면 아무것도 한 일이 없는 거 아니네요. 밥도 먹고 영화도 보고. 아무것도 한 게 없는 거예요? 한 게 있는데 기억을 못하는 거예요?'), 의미화할 수 있도록 문장으로 기록해 주는 과정이 소중합니다.

이어서 주말 이야기를 문장으로 입력한 자료를 출력해서 읽고, 읽기 후 활동을 진행합니다. 먼저 발표한 친구들의 이야기를 함께 읽습니다. 초기에는 따라 읽기로, 익숙해지면 함께 소리 내어 읽습니다. 그 후 아이들이 4~5편의 이야기 중 마음에 드는 것을 하나 고르면 교사가 종이에 인쇄해 줍니다. 아이들은 이야기를 읽고 읽기 후 활동을 하는 형식입니다. 글을 개별로 읽을 때는 아이 수준에 맞게 읽게 합니다. 아는 글자만 동그라미하기, 모르는 글자만 동그라미하기, 재밌는 부분에만 밑줄 긋기 등을 활용합니다.

말하기에서 쓰기로 넘어가는 교실에서 활용하는 여러 활동은 함께하는 것에서 개별적으로 하는 것으로 진행합니다. 개똥이, 소똥이, 말똥이가 함께 있는 교실에서 서로를 모델링하며 함께 의미를 구성해 가고 그 활동을 바탕으로 개별 활동을 하는 거예요. 이것은 인간의 모든 심리 기능은 개인 간 활동(사회적 활동)에서 개인 내 활동(심리적 활동)으로 이행한다는 비고츠키의 위대한 발견을 교실 활동 장면에 대입한 것입니다.

읽기 후 활동은 아이들이 선택한 방식으로 할 수 있게 자유도를

• [활동 2] 친구들의 주말 이야기 읽기

- (공동) 화면을 보며 교사가 입력한 문장을 따라 읽는다(초기에는 따라 읽기로 시작하고 아이들의 읽기가 익숙해지면 교사와 함께 소리 내어 읽기로 넘어간다).
- (개별) 4명의 이야기 중 마음에 드는 이야기 하나를 고른다.
- (교사) 학생들이 고른 이야기를 각각 출력해서 한 장씩 나누어 준다.
- (학생) 자기가 고른 이야기를 읽는다(아는 글자만 ○하며 읽기, 모르는 글자에 ○하며 읽기, 줄을 그으며 읽기 등 아이들 수준에 맞게 읽을 수 있게 한다).

• [활동 3] 친구들의 주말 이야기 읽기 후 활동

- (개별) 읽은 느낌이나 생각을 빈 곳에 그림으로 그리거나 뒷이야기를 상상해서 쓴다.
- (교사) 읽기가 능숙하지 못한 학생들을 지원한다.
- (교사) 읽기 후 활동이 끝난 자료를 모아 붙여 책으로 만든다.

• 주말 이야기 읽고, 쓴 글을 책으로 만들기 활동 구성안 •

높여 줍니다. 먼저 말똥이처럼 글을 다 읽고 읽기 후 활동을 하는 아이들과 개똥이처럼 교사의 개별 지도를 받으며 아는 글자에만 동그라미를 해 보는 아이들, 소똥이처럼 더듬더듬 한 글자씩 손가락으로 짚어 가며 읽는 아이들이 함께 있는 교실입니다. 활동을 마친 아이들

2018년 5월 8일 화요일
[redacted]의 주말이야기
집에서 그냥 놀았다. 혼자서 놀았다. 연우는 책상 위에 올라갔다. 아빠는 거짓말로 폐지를 주우러 갔고, 엄마는 핸드폰을 보고 있었다. 그냥 그랬다.

2018년 5월 8일 화요일
[redacted]의 주말 이야기
어제 캠핑장에서 밥을 먹었다. 아빠가 낚시를 해서 잡아 온 생선을 먹었는데 너무너무 짰다. 그래서 엄마가 만들어준 뼈해장국을 먹었다. 맛이 있었다.

친구들의 주말 이야기 읽기 후 활동지 제작

은 책을 읽거나 그림을 그리거나 색종이를 접거나 (아이들 표현처럼) 아무것도 하지 않고 쉬어도 됩니다.

읽기 후 활동지를 보면 같은 날 같은 이야기를 골랐어도 아이들의 활동 내용은 다 다릅니다. 아이들의 표현과 그렇게 표현한 맥락 등 그 행간을 읽는 재미도 쏠쏠해요. 이후 활동지를 모아 풀로 붙여서 책을 만듭니다. 또 표지도 만듭니다. 처음에는 교사가 표지를 만들지만, 이후에는 희망하는 아이들에게 표지 그림을 그려 보라고 해도 좋아요. 그렇게 매주 한 권씩 발행되는 주말 이야기 책은 우리 반 인기 도서가 되지요.

누구나 잘하는 것도, 못하는 것도 있다!

Q **주말 이야기를 할 때 아무것도 한 게 없다며 입을 꾹 다물고 있는 아이가 이야기하도록 돕는 방법은 무엇일까요? 아무리 질문을 쪼개서 해도 대답하지 않으려는 아이도 있을 테니까요.**

A 질문을 쪼개서 해도 이야기하지 않으려고 하는 아이들을 지금까지 만나지는 못했습니다. 아마도 입학 초기부터 모든 아이에게 돌아가면서 말할 기회를 주는 것이 일상화되어 있어서 말하기의 부담감을 낮춰 주었기 때문이지 않을까 생각해요. 그러나 어떤 심리적 이유로 선택적 함묵증이 있는 경우라면 기다려 주어야 합니다. 보호자와의 상담이 필요하고, 협의한 결과에 맞게 운영해야 하고요. '통과'의 의미로 고개를 끄덕이는 신호를 보낸다거나 입 모양을 보고 교사가 추측해서 말할 수 있게 한다거나 종이에 써서 답을 할 수도 있다는 것을 사전에 협의합니다. 주말 이야기 같은 활동의 경우, 집에서 보호자와 함께 써서 가져오게 하고 교사가 읽어 주는 방법도 생각할 수 있지요.

아이의 주말 이야기 '덕분에' 가족과 함께하는 소중한 시간

Q **월요일에 학교에 가면 '주말 이야기'를 해야 한다며 아이가 뭔가 특별한 활동을 요구한다면 어떻게 해야 할까요?**

A 제가 의도한 주말 이야기 활동은 개인적인 체험을 친구들이 이해할

수 있게 말하는 능력, 즉 체험의 공동 일반화 능력을 지원하기 위한 것입니다. 이를 위해 특별한 활동이나 이벤트가 필요하지는 않아요. 일상생활에서 있었던 소소한 이야기를 나누면 됩니다. 무엇보다 주말 이야기가 누구는 어디에 갔네 누구는 뭘 했네 하면서 비교의 대상이 되는 것을 조심해야 하지요. 10년 넘게 1학년 아이들과 주말 이야기 활동을 하면서 언제나 느끼는 것은 뭐 대단한 곳에 갔다고 아이들이 그 이야기를 특히 부러워하거나 좋아하지는 않는다는 겁니다. 그보다는 진부한 전개가 아니라 무언가 톡톡 튀는 재미난 이야기를 좋아합니다. 아빠가 나를 괴롭히려고 하다가 오히려 엄마한테 혼났다거나, 욕실에서 물총 놀이를 했는데 누나랑 같이 아빠를 공격하니까 항복했다거나 그런 이야기를 좋아하지요. 아이들의 기준은 상투적이지 않거든요.

어린이집이나 유치원에서 주말 이야기 나누는 활동이 보편화되면서 주말 이야기 때문에 주말에 뭔가 특별한 활동을 해야 한다는 부담을 호소하는 이야기를 듣기도 했습니다. 가장 중요한 것은 '숙제' 때문에 하는 것이 아니라, 자녀와 무언가 즐거운 추억을 만들어 가는 과정으로 접근하는 거지요. '숙제'이기 때문에 우리 아이와 이런 추억도 만들 수 있구나, 생각하는 것이 서로에게 더 건강한 접근인 것 같습니다. 아이가 초등학교 3학년만 되어도 부모와 어디를 가는 것 자체를 거부하기 시작합니다. 아이들과 주말을 함께 보낼 수 있는 시기도 그리 길지 않다는 것을 기억해 주세요.

모두 다른 아이들, 모두 다른 이야기들

말똥이는 기초 문해력에 도달했지만, 소똥이와 개똥이는 초기 문해력에 머물러 있지요. 교실에서의 여러 활동을 통해 '글'은 다른 세상이 아니라, 말이 글이 되는 것이라는 깨달음을 얻어야 합니다. '우리가 매일 사용하는 말이 글이 되는구나!'를 명시적으로 보여 주는 활동이 바로 '교사의 받아쓰기'입니다.

말하기에서 쓰기로 넘어가는 교실에서 중요한 원칙 중 하나는 모든 아이가 '말'할 수 있게 기회를 주고 그 말을 존중해 주는 것입니다. 하고 싶은 말을 하는 어린이, 자기 생각이나 느낌을 표현할 수 있는 어린이의 말을 교사는 부지런히 받아쓰면서 기록합니다.

내가 한 말의 의미가 전달되어 친구들과 선생님이 듣고, 선생님은 그 말을 글자로 기록해서 TV 화면으로 보여 주지요. 그 과정에서 글은 말소리를 쓴 것과 같다는 것, 글은 말소리를 컴퓨터로 입력한 글자의 모음이라는 것을 아 이들은 자연스럽게 경험합니다.

> 흰색이랑 분홍색 섞으니까 또 분홍색 되는 게 재미있어요.
> 동글동글 모양 만들어서 납작하게 하는 게 신기했다.
> 또 만들고 싶다.
> 클레이 만지는 게 액괴(액체 괴물) 만지는 거 같아요.
> 엄마한테 선물하고 싶어요.

5월 말, 색점토를 이용해 무궁화 책갈피와 자석을 만들고 아이들의 생각이나 느낌을 나눈 문장을 교사가 받아 적은 것입니다. 돌아가면서 모두 발표하고 입력된 문장을 함께 소리 내어 읽는 과정 자체가 상호 '끌어올리기'의 과정이 됩니다. 몰랐던 표현도 서로 배우고, 같은 활동을 해도 서로 느끼고 생각하는 것이 다르고 또 다양할 수 있다는 것도 배우지요. 이런 무수한 과정을 겪으며 아이들은 자기 맥락 밖의 경험을 수용하고 이해하게 됩니다.

7장

친구 이야기를 들으며 읽어 봐요

어린이의 말 발달 초기(초기 유년기, 1~3세)에 아이들은 대상의 이름과 대상을 하나로 인식합니다. "고양이는 왜 고양이일까?" 물으면 "고양이니까 고양이지." 답하는 단계이지요. 전 학령기(4~6세)가 되면 대상과 이름(소릿값)이 분리될 수 있다는 것을 인지하게 되고 그때부터 상상 놀이, 상징 놀이가 출현합니다. 청소기로 말을 타고, 침대가 자동차, 배, 우주선이 될 수 있습니다. 그림 문자로 의미(대상)를 표현하기 시작하는 시기와 같지요. 이 시기는 어린이의 문해력 발달에서 중요한 발견이 이루어지는데, 바로 말소리를 그리거나 글자로 쓸 수 있다는 것입니다. 글자 그리기나 쓰기에 자발적인 관심이 없는 아이들은 대체로 이 이치를 아직 발견하지 못한 상태로 볼 수 있어요.

교실에서의 여러 활동을 통해 '글'은 다른 세상이 아니라 말이 글이 되는 것이라는 깨달음을 얻어야 합니다. '내가 매일 하는 말이 글이 되는 것이구나!'를 명시적으로 보여 주는 활동이 바로 '교사의 받아쓰기'입니다. 우리는 이미 정해진 낱말이나 문장을 교사가 불러 주면 아이들이 그대로 받아쓰는 것에 아주 익숙합니다. 그러나 문해력 발달 초기에는 역할을 바꿔 아이들이 하는 말을 교사가 받아쓰면서 부단히 '말이 글이 되는 과정'을 보여 주는 것이 필요해요. 교사가 받아쓰기를 잘하려면 아이들 말에 귀 기울여 들어야 하지요. 교사가 아이의 말하기 맥락을 이해하지 못하면 저절로 주고받기와 끌어올리기를 하게 됩니다. 그렇게 교사의 받아쓰기는 완성되어 가고, 아이들은 체험의 언어화와 공동 일반화를 숙달해 가지요. 손 글씨로 쓸 수도 있고, 주말 이야기 활동에서처럼 컴퓨터에 입력하는 과정을 전자칠판이나 TV로 보여 줄 수도 있어요.

말은 문장이 될 수 있다

1학년 교실에서 아이들의 공식적 말하기는 상당히 격식화되어 있지요. "저는 소똥이입니다. 제가 좋아하는 것은 ○○입니다."라는 문장을 1학년 아이들이 어떻게 말할지 그 억양과 띄어 읽기가 곧바로 음성 지원이 될 거예요. 짧은 두 문장 정도는 외워서(마음속으로 계속 연습해서) 그렇게 말할 수 있지만, 완전히 열려 있는 소감 말하기나 서사가 긴 주말 이야기는 그렇게 되지 않아요. 오히려 자연스러운 말하기가 가능해집니다. 그 자연스러운 말하기를 교사는 받아씁니다.

말하기에서 쓰기로 넘어가는 교실에서 가장 중요한 원칙 중 하나는 모든 아이가 '말'할 수 있게 기회를 주는 것이라고 앞서 말했습니다. ㅏ 소리가 들어간 낱말을 찾을 때도, 어떤 일에 관한 생각이나 느낌을 말할 때도, 추측하기 게임을 하면서 답을 말할 때도, 주말 이야기를 나눌 때도 모든 아이가 돌아가면서 말할 기회를 제공합니다. 물론 답하기 싫을 때는 언제든 '통과'를 외칠 수 있어요. 누구는 했고, 누구는 안 했지? 이런 헷갈림을 방지하기 위해 칠판 전면을 향해 책상을 ㄷ자로 배치합니다. 시계 반대 방향으로 돌아가며 차례로 말하는데, 가운데 빈 공간은 원형극장처럼 놀이와 쉼의 공간이 되기도 하지요.

말하기와 쓰기라는 표현 기능에서 중요한 것은 '의미'입니다. 해야 할 말, 즉 의미가 있어야 합니다. 의미는 말과 글로 표현되는데, 글은 말소리를 그린 것과 같다는 것, 글은 말소리를 쓴 것과 같다는 것, 글은 말소리를 컴퓨터로 입력한 글자의 모음이라는 것을 자연스럽게 경험하도록 하는 게 이 이행적 쓰기 활동의 주요 방향입니다. 이를 위해 교사는 부지런히 아이들의 말을 받아쓰지요.

다음은 학교 화단에서 앵두를 따서 먹고, 앵두 씨앗 멀리 뱉기 놀이를 한 다음 교실에 들어와서 한 소감 나누기예요.

나는 처음에 안 먹고 싶었다.

앵두가 오동통했다.

나는 앵두가 뭔지 몰랐다.

나는 오늘 앵두를 처음 먹었습니다.

앵두를 또 먹고 싶다.

새콤달콤했다.

기분이 좋았다.

나는 앵두나무를 처음 봤다.

나는 안 먹으려고 했는데 개똥이가 맛있다고 해서 먹었는데 맛있었다.

_5월 22일 소감 나누기 중

아이들의 말을 듣고 문자로 입력하여 전자칠판 화면을 통해 보여줍니다. 아이들은 자신과 친구들의 불완전한 어휘 문법이(대부분은 인식하지 못하겠지만) 완결성을 지닌 문장으로 재탄생하는 과정을 지켜보는 순간이지요. 그러면서 교사가 오타를 내거나 입력을 잘못하면 곧바로 알려 주지요. 돌아가면서 모두 발표하고 입력된 문장을 함께 소리 내어 읽는 과정 자체가 상호 '끌어올리기'의 과정이 됩니다. 내가 몰랐던 표현도 배우고, 같은 활동을 했지만 서로 느끼고 생각하는 것이 다를 수 있다는 것도 배우지요. 이렇게 소감을 나누고 난 다음 그림일기를 쓰면 '무슨 말을 써야 할지 몰라서' 쓰지 못하는, 즉 의미 구성에 어려움을 겪는 아이들에게 큰 도움이 됩니다.

다음은 어느 가을에 그림자밟기 놀이를 한 다음 나누었던 소감이에요.

○○ : 그림자밟기 놀이가 조금 힘들었습니다.

○○ : 뒤에서 잡힐까 봐 무서워요.

○○ : 뛰어다니는 게 좀 힘들었습니다.

○○ : 나는 쉬고 싶습니다.

○○ : 물을 먹고 싶었습니다.

○○ : 그림자가 밟히는 게 재미있었습니다.

개똥이: 나는 엄청 더웠다.

○○ : 너무너무 힘들었습니다.

소똥이: 그림자가 밟힐까 봐 무서웠다.

○○ : 운동장을 막 뛰어다니니까 재미있었습니다.

말똥이: 그림자밟기 놀이는 정말 재미있습니다. 힘들었지만 재미있습니다.

○○: 나는 ○○이한테 밟혔습니다. 너무 더웠습니다.

○○: 나는 그림자 놀이가 정말 정말 행복하고 재미있었다.

○○: 심장이 터질 것 같았습니다.

○○: 나는 막 물이 먹고 싶었습니다.

○○: 나는 너무 지쳤습니다.

○○: 너무 힘들어서 넘어질 거 같았다.

_9월 23일 소감 나누기에서

아이들의 표현도 정선되고 문장도 더 길어졌다는 것을 확인할 수 있지요. 이렇게 소감을 나눈 다음에 '그림자밟기 놀이'를 주제로 '글쓰기'를 하면 혼자 쓰는 글쓰기가 아니라, 함께 쓰는 글쓰기가 될 수 있습니다.

표현하고자 하는 말을 '의미 구성'이라고 한다면, 소리를 글자로 쓰는 것은 '문자 구성'입니다. 초기 문해력에서 기초 문해력으로 넘어가는 이행적 쓰기 과정에서 의미 구성의 주체는 '어린이'지만 문자 구성의 주체는 '교사'가 됩니다.

말은 이야기가 될 수 있다

어떤 활동을 한 다음 아이들의 소감을 듣고 받아쓴 교사의 기록은 소중한 기록이기도 하지만, 일 년간의 기록을 돌아보면 개별 학생의 진보 정도를 가늠할 수 있는 평가의 기초 자료가 됩니다. 가끔 기록한 파일들을 열어 훑어보기만 해도 '이랬었는데 지금은 이렇게 발달하고 있구나!' 하는 깨달음에 위로받기도 합니다.

11월 14일 소감 나누기 활동은 '원인과 결과가 드러나게 기분 표현하기' 기록입니다. 함께 몸으로 체험한 일에 관해 소감을 말하던 것에서 한 단계 상향하여 각자 겪은 일을 떠올리며 원인과 결과로 기분을 표현하는 거지요. 어떤 일이 있었고, 그 결과 이렇게 되었다는 것은 모든 서사의 기본 구조예요.

쥐똥이 : 2만 원을 받아서 기분이 좋아요.

○○ : 여행을 다녀와서 기분이 좋아요.

뱀똥이 : 2학년이 될 생각을 하면 기분이 좋아요.

○○ : 날씨가 좋아서 기분이 좋아요.

닭똥이 : 2학년이 되어서 기분이 좋아요.

○○ : ○○이가 내 장난감을 망가뜨려서 화가 나요.

○○ : 어제 엄마랑 같이 못 자서 슬퍼요.

소똥이 : 엄마 친구가 용돈을 줘서 기분이 좋아요.

○○ : 크리스마스가 다가오니까 기분이 좋아요.

○○ : 포켓몬 카드를 사서 기분이 좋아요.

○○ : 어제 밥 먹고 동생이랑 놀아서 기분이 좋아요.

말똥이 : 2학년이 되면 친구들이랑 같은 반이 안 될까 봐 걱정돼요.

○○ : 어제 내가 ○○에게 뭘 해 줬더니 그 친구가 나에게 돈을 준다고 해서 기분이 좋아요.

양똥이 : 어제 아빠가 늦게 오셔서 아빠랑 못 놀아서 속상해요.

○○ : 동생이 아파서 속상해요.

새똥이 : 어제 엄마랑 놀기로 했는데 못 놀아서 속상해요.

○○ : 발표회 때 ○○이가 뒤에서 몰래 때리고 간 게 속상해요.

○○ : 사방치기 할 때 말을 던지는데 9단계에 계속 안 들어가서 답답했어요.

○○ : 어제 엄마한테 혼나서 속상해요.

○○ : 어제 수영을 했는데 잘 안 돼서 힘들었어요.

개똥이 : 아빠가 집에 빨리 안 와서 속상해요.

_11월 14일 소감 나누기 중

'2만 원을 받아서 기분이 좋아요.'라는 문장은 언제, 어디서, 누가,

나에게, 2만 원을 주었다는 이야기로 확대될 수 있습니다. 주고받기와 끌어올리기를 하면서 이야기를 구성해 가는 것이 주말 이야기 활동이라는 걸 충분히 느꼈을 거예요. 반면에 차례로 돌아가며 이야기를 나눌 때 앞에서 한 친구들의 말을 모방하는 경우가 있습니다. 쥐똥이가 맨 처음 2만 원을 받아서 기분이 좋다고 하고, 소똥이는 이 이야기를 듣고 비슷한 자신의 경험을 끌어와 '엄마 친구'에게 용돈을 받았다고 더 정확한 어휘 문법으로 표현합니다.

뱀똥이는 2학년이 될 생각을 하면 기분이 좋다고 했는데, 닭똥이는 이를 '생각을 하면'을 빼고 그대로 재현합니다. 반면 말똥이는 2학년이 되면 친구들이랑 같은 반이 안 될 것 같아 걱정이라고 자신의 '말'로 상향해 표현합니다.

양똥이는 어제 아빠가 늦게 오셔서 아빠랑 놀지 못했고, 그래서 속상하다고 두 개의 문장을 연결한 복문으로 표현하지요. 쥐똥이는 언제 누구에게 받은 것인지 표현하지 못하지만(체험의 공동 일반화가 안 되어서), 양똥이는 언제, 누구랑, 무엇을 하기로 했는데 이것을 못해서 어떠하다고 표현합니다. 이것을 새똥이가 받아서 아빠가 아닌 엄마로 변형하고, 개똥이는 이것을 아빠가 빨리 안 와서 속상한 것으로 간결화합니다.

'모방은 창조의 어머니.'라고 합니다. 비고츠키는 모방은 근접 발달 영역에서 가능한 것이라고 정의했습니다. 우리가 흔히 쓰는 말처럼, '넘사벽'이면 모방조차 할 수 없다는 것이지요. 이렇게 아이들의 말을 기록하다 보면 누가 누구를 모방하고 있는지, 누가 이미 공동 일반화를 숙달했는지 확인할 수 있어요.

이렇게 아이들의 말은 이야기가 됩니다. 개인의 경험을 언제, 어디서, 누구랑, 무엇을, 어떻게 했는지 확대하면서 '내 이야기'를 공동 일반화하는 것과 친구들의 말을 듣고 내 경험을 떠올리며 또 다른 나의 이야기로 만들어 가는 것 모두 아이들에게 필요한 과정이에요.

3부

모두가 말하며 쓰는 교실

8장

글자를 몰라도 쓸 수 있어요

앞서 살펴보았던 것처럼, 우리의 말글살이는 표현과 이해, 입말과 글말로 갈래지을 수 있습니다. 입말과 글말로 갈래짓는 것에만 치중하면 똑같은 글말인데 읽을 수 있으면 쓰는 건 자동이지, 왜 안 되는지 의아스러운 일들이 생기지요. 표현하고자 하는 내용(의미)이 있어야 쓸 수 있기 때문이고, 내용을 소리로 떠올리고 문자 기호와 대응시켜 쓰기까지의 과정에는 2차 상징 기능(이중의 추상화)이 필요하기 때문이라고 설명드렸지요.

지금까지는 표현(의미 구성)을 지원하기 위한 활동을 안내했다면, 이 장에서는 기록(문자 구성)을 지원하는 가장 간단한 방법을 소개하려고 합니다. '낱말 수첩'입니다. 낱말 수첩은 쓰고 싶은 말은 있는데 어떻게 써야 하는지 몰라서 막히는 아이들을 지원하기 위해 고안한 장치입니다. 그러나 운영하다 보면 이미 알고 있지만 '정확하게 쓰고 싶어서' 낱말 수첩을 '활용하는' 아이들도 있고, '모르지만 도전해 보고 싶어서' 낱말 수첩을 '활용하지 않는' 아이들도 만나게 됩니다.

낱말 수첩, 그리고 차이가 존재하는 교실

4월이 되면 아이들에게 손바닥만 한 작은 수첩을 하나씩 나누어 주고 '낱말 수첩'이라고 알려 줍니다. 표지에 '○○ 이의 낱말 수첩'이라고 쓰고, 사용법을 안내하지요. 언제, 어디서나 쓰고 싶은 말이 있는데 어떻게 쓰는지 모를 때 낱말 수첩을 가져와서 선생님에게 물어보면 선생님이 도와줄 테니 잊지 말고 잘 활용하라고 알려 줍니다.

학생1 : 선생님!

교사 : 네.

학생1 : 근데 이 '겸'을 어떻게 해요? '겸'을.

학생2 : (이름에 '겸'이 들어감) 내 이름을 봐도 돼. 내 이름을.

교사 : '선생님, 엄마 아빠 이름 어떻게 쓰는지 모르겠어요.' 하는 사람은 뭘 가지고 와서 물어보면 될까?

학생들 : 낱말 수첩!

교사 : 그렇지, 낱말 수첩 가지고 와서 물어보면 되지요.

학생들 : (서로 보여 주고 대화하면서 부모님 성함을 쓴다.)

학생1 : (낱말 수첩을 보여 주면서) 이겸후요.

교사 : (수첩에 글자를 써 주면서) 이, 겸, 후.

_4월 8일 수업 영상 중

국어 교과서에 나온 가족 이름 쓰기 활동 장면입니다. 4월 8일이니 낱말 수첩을 사용한 지 얼마 되지 않은 시기지요. 낱말 수첩이 필요한 상황이 전개되자 교사는 즉시 '활용은 바로 이때'라는 점을 환기하게 합니다. '겸'을 쓰지 못하겠다고 하니 자기 이름에 '겸'자가 들어간 아이가 내 이름을 보고 쓰라고 가르쳐 줍니다. 어려운 글자도 자기 이름에 들어 있으면 이미 익숙한 글자가 되지요.

이렇게 아이들은 낱말 수첩 사용법을 익혀 갑니다. 낱말 수첩은 독립된 활동이 아니라, 이후의 장에서 소개할 '사진을 보고 말하고 써요 : 사진 보고 문장 만들기' '그림을 그리고 글로 써 봐요 : 함께 쓰는 그림 글쓰기' '내 경험을 글로 써 봐요 : 주제가 있는 글쓰기' 활동 등과 짝꿍입니다. 쓰고 싶은 말은 있지만 문자 구성이 아직 준비되지 않았을 때 도움을 주는 매개 활동이지요.

1학년 담임을 할 때 아이들이 글자를 물어 오면 쪽지에 써 주곤 했는데, 쪽지보다 '기록'이 될 수 있게 수첩 같은 걸 활용하면 좋겠다 싶어 10여 년 전부터 낱말 수첩을 사용하기 시작했지요. 낱말 수첩의 글씨는 교사가 아이에게 써 준 것입니다.

무엇이든 쓸 수 있다

읽기와 쓰기가 유창한 말똥이가 어느 날 갑자기 '레스토랑' 할 때의 '레'를 어떻게 쓰냐고 물으러 왔어요. 어제 가족과 레스토랑에 가서 저녁을 먹으면서 '레스토랑'이라는 낱말을 알게 되었고, 이걸 쓰고 싶은데 처음 써 보는 '레스토랑'의 '레'를 정확하게 쓰고 싶은 마음이 컸을 거라 짐작했습니다.

옆 사진을 보면 말똥이와 같은 수준을 보여주는 양똥이와 범똥이의 낱말 수첩 사용법이 어떤지 알 수 있어요. 4~6월에 쓴 것이지만 문자 구성의 어려움은 거의 없고, 낱말 수첩의 활용은 '써 보지 않았던 새로운 낱말' 수준으로 한정된다는 것을 알 수 있어요. 낱말 수첩은 30쪽 내외지만 두세 쪽 정도 사용하는 것에 그칩니다. 한 쪽도 사용하지 않은 학생도 있어요. 그렇다고 문자 구성, 맞춤법, 띄어쓰기, 문장부호 등이 완벽한 것은 아닙니다.

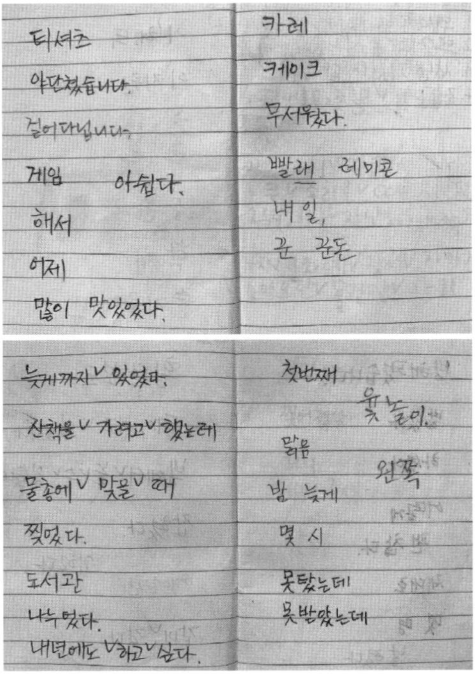

4~6월에 쓴 양똥이(위)와 범똥이(아래) 낱말 수첩

뒤의 사진은 개똥이의 낱말 수첩입니다. 개똥이는 9월에도 문장 수준의 도움이 필요합니다. 띄어쓰기, 문장부호까지 도움이 필요한 상태예요. 10월쯤 되니 양똥이와 범똥이의 4월 수준으로 나아갑니다. 4월에 개똥이는 쓰고자 하는 모든 말을 낱말 수첩에 받아 가서

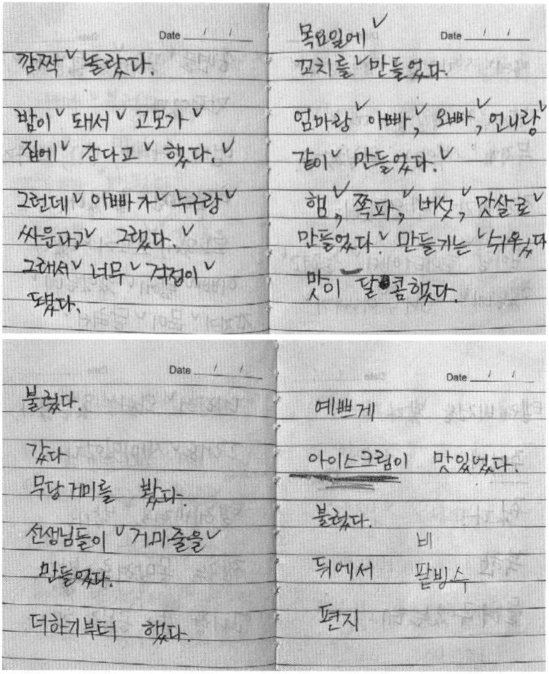

9월과 10월 개똥이의 낱말 수첩

옮겨 써야 했습니다. 그런데도 싫어하거나 귀찮아하지 않고 꾸준히 했지요. 교사도 수첩을 넘겨 보며 개똥이의 꾸준함과 진보를 확인할 수 있었고요.

11월과 12월 개똥이의 낱말 수첩도 보세요. 이제 낱말 수첩을 들고 도움을 받으러 나오는 횟수가 줄어드는 만큼 써 주는 문자도 낱말

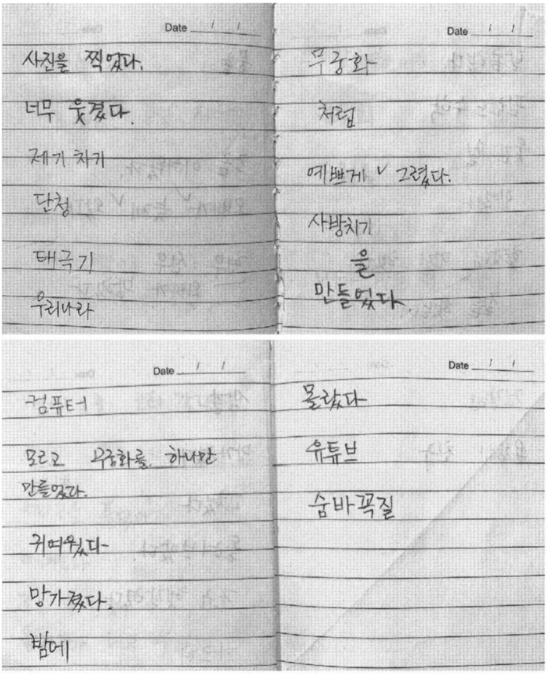

11월과 12월 개똥이의 낱말 수첩

수준으로 확연히 향상된 것을 나란히 펼쳐진 낱말 수첩의 모습에서도 확인할 수 있어요. 쓰고 싶은 말이 있어도 쓰지 못하던 개똥이에게 낱말 수첩은 엄마 같은 존재는 아니었을까 생각해 봅니다. 쓰고 싶은 말은 내가 만든 것이니 의미 구성의 주체는 나입니다. 그렇기에 교사가 써 준 문장은 단순한 베껴 쓰기 활동이 아니라 옮겨 쓰기 활동이 되고, 소리 내어 말하며 쓰기가 가능한 활동, 읽기와 함께하는 쓰기 활동이 됩니다.

낱말 수첩을 활용하는 학생들의 양상이 다양하다고 했지요? 몰라도 스스로 쓰려는 소똥이는 소똥이대로, 한 글자도 틀리고 싶지 않아서 확인받고 싶어 하는 새똥이는 새똥이대로, 문장 수준부터 낱말 수준까지 낱말 수첩을 애용했던 개똥이는 개똥이대로 자신만의 방식으로 낱말 수첩을 활용한 셈입니다. 이미 낱말 수첩에 써 줬던 것도 계속 물으러 나오는 닭똥이도 있고, 낱말 수첩을 들고 도움을 받으러 나오려고 하다가 '아하.' 하면서 수첩을 막 넘겨 가며 도움받고자 했던 낱말을 찾아내는 양똥이도 있습니다.

이런 양상을 확인한 다음부터는 아이들에게 심심할 때마다 너희들 낱말 수첩을 찾아서 읽어 보라고 합니다. '내가 예전엔 이런 낱말 쓰는 거 어려웠는데 이젠 쉽지!' 하는 낱말을 찾아서 동그라미를 해 보라고도 하고, 아직도 잘 모르겠으면 빈 곳에 한 번 더 써 보라고도 합니다. 선생님이 이미 여러 번 가르쳐 줬는데 자꾸 물으러 나오는 게 좋겠는지, 수첩에서 찾아보는 게 좋겠는지 생각해 보라고도 하지요. 조건 반응(습관)적으로 교사에게 물으러 나오는 것을 넘어서 지적 해결 방법을 찾아가는 길을 이 과정에서도 배웁니다. 자극(조건)에 1차적으로 반응하는 습관화된 행동을 넘어 그사이에 '인지'의 층을 끼워 넣는 것입니다. 모르는 낱말(조건)에 대한 습관화된 반응으로 교사에게 바로 찾아오는 것이 아니라 '아, 예전에도 물어봤던 거 같은데?' 생각하고 낱말 수첩을 찾아보면서 습관적 반응이 아닌 지적 반응을 아이들이 익혀 가는 거지요. 이 또한 습관화의 층위로 내려가게 될 것이고, 또 다른 지적 해결을 필요로 하는 문제들이 나타나게 되거나 낱말 수첩이 필요하지 않을 정도의 기능 숙달이 이루어지겠지요.

집에서도 활용하는 낱말 수첩!

Q **집에서도 따로 '낱말 수첩'을 마련하는 게 좋을까요? 늘 들고 다닐 수는 없을 텐데, 낱말 수첩이 없는 상태에서 효과적인 활용이 가능한 다른 방법이 있을까요?**

A 가정에서도 낱말 수첩을 만들어 사용하는 것을 적극적으로 권장합니다. 작은 수첩이기 때문에 들고 다닐 수도 있습니다. 낱말 수첩이 없으면 종이에 적어 줘도 되고, 핸드폰에 입력해서 보여 줘도 됩니다. 낱말 수첩의 진짜 의미는 쓰고 싶은 말이 있는데 '글자를 몰라서 못 쓰는 일'이 발생하지 않도록 도와준다는 점에 있어요. 그 형식은 중요하지 않습니다.

9장

사진을 보고 말하고 써요

: 사진 보고 문장 만들기

1학년 1학기 국어 교과의 글말 학습은 자모음자에서 자음과 모음이 만나는 낱자, 낱자와 낱자가 만나는 낱말, 낱말이 모인 문장, 문장부호, 문장과 문장이 모인 그림일기 쓰기로 나아갑니다. 6월이면 문장 읽기와 쓰기가 시작되지요. 국어 교과서에는 '그림 보고 문장 만들기' 활동이 나옵니다. 놀이터에서 놀고 있는 여러 동물 그림을 보고 '토끼가 시소를 탑니다.'처럼 문장으로 말하는 활동입니다. '주어+목적어+서술어' 정도의 문장 구성을 요구하지요.

처음 이 활동을 할 때는 여러 그림을 준비해서 그림 보고 문장 만들기 활동을 진행했습니다. 두 가지 문제가 있었어요. 교과서처럼 아이들 모두에게 그림을 인쇄해서 주고 충분히 문장을 만들 시간을 주고 싶은데 그런 그림을 찾는 게 쉽지 않았어요. 또 그림 이면에 있는 역동적인 상황을 담은 문장 만들기를 하고 싶은데 그림으로는 부족하다는 생각이 들었지요. 그래서 시도한 것이 '사진 보고 문장 만들기'입니다. 3월부터 5월까지 학교에서 아이들과 함께한 활동 장면을 사진으로 찍었는데, 이 사진을 활용하면 더 구체적이고 재미난 문장들이 만들어질 것 같았어요.

처음에는 모든 학생이 같은 사진으로 시작합니다. 사진을 보고 표현하고 싶은 말을 문장으로 말하면, 교사가 컴퓨터에 입력해서 보여주는 식이지요. 그리고 사진을 붙이고 함께 만든 문장을 학습지에 씁니다. 이렇게 두세 번 함께 연습한 다음에는 여러 종류의 다양한 활동 모습을 담은 사진을 충분히 인쇄해 놓고 자신이 고르고 싶은 사진을 골라 학습지에 붙이고 문장을 써 보도록 하지요. 사진을 보면서 하고 싶은 말은 떠올랐지만 쓰지 못하는 개똥이는 낱말 수첩의 도움을 받습니다.

매개를 통한 회상과 표현

2013년 국어 교과서에서 '그림 보고 문장 만들기' 활동을 처음 봤을 때는 이 활동의 진정한 가치를 깨닫지 못했습니다. 우리 반 아이들과 이런저런 문장을 만들어 보면서 비로소 그림이라는 '매개를 통한 표현'이 왜 필요한지 알게 되었지요. 주말 이야기 나누기 활동처럼 체험을 언어화해서 과거의 어느 한 장면을 떠올리는 것이 어려운 개똥이에게는 그림이나 사진 같은 매개가 필요합니다.

사진이나 그림은 '겪은 일 소감 말하기'처럼 학급 아이들이 공동으로 의미 구성을 하는 데 좋은 매개물이 되기도 해요. 왜 아이들이 놀이터에서 노는 모습이 아니라 동물들이 노는 모습일까 싶기도 했어요. 그런데 아이들이라면 개똥이, 소똥이, 말똥이처럼 이름이 필요한데, 아이들 모습에 이름표를 붙여 주는 것이 여러 이유로 애매하니 주인공 수현이와 친숙한 동물을 그려서 동물 이름을 붙일 수 있도록 한 것 같았지요. 그런 면에서 동물들의 놀이터 그림은 매개를 통한 '회상'의 도구가 되기는 조금 어려운 것처럼 보였어요. 자신의 경험, 자기의 의미 맥락 속에 들어와 있지 않기 때문이지요.

뒤의 사진은 학습지에 교과서 그림을 오려 붙인 다음 문장을 만들어 본 활동 결과예요. 개똥이의 의미 구성은 단조롭습니다. 원숭이가 있고, 호랑이도 있고, 토끼도 있고, 사람도 있습니다. 주어+서술어 구조를 넘어서지 못하지요. 말똥이의 의미 구성은 복합적입니다. 동물 친구들이 놀이터에서 놀고 있는데(전체 그림), 호랑이와 곰은 미끄럼틀을 타고, 수현이와 토끼는 시소를 타고 있다고 표현합니다. 기초 문해력을 숙달한 수준인 말똥이에게는 띄어쓰기에 대한 개별 피드백을 해 줍니다. 개똥이에게는 문장을 저렇게 옮겨 쓴 것만으로도 잘했다고 격려해 줍니다. 거듭 말하지만 이런 차이는 어느 교실에나 존재해요. 그리고 이는 개똥이와 소똥이의 의미 구성 능력, 문장 구성 능력, 공동 일반화 정도의 차이에서 비롯된 것일 가능성이 큽니다. 모든 교실은 개똥이가 소똥이처럼 나아갈 수 있도록 숙달하는 과정을 지원해야 하겠지요.

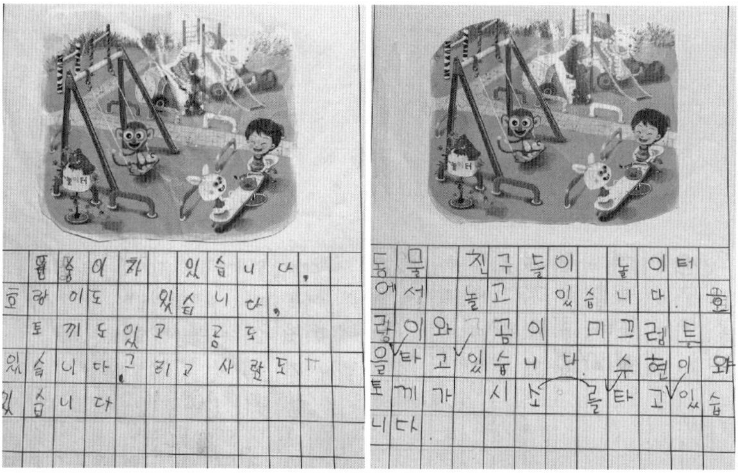

개똥이와 말똥이가 한 그림 보고 문장 만들기

다음에 나오는 왼쪽 사진은 그림 보고 문장 만들기를 처음 해 본 후 바로 이어진 사진 보고 문장 만들기 활동 결과예요. 개똥이의 표현

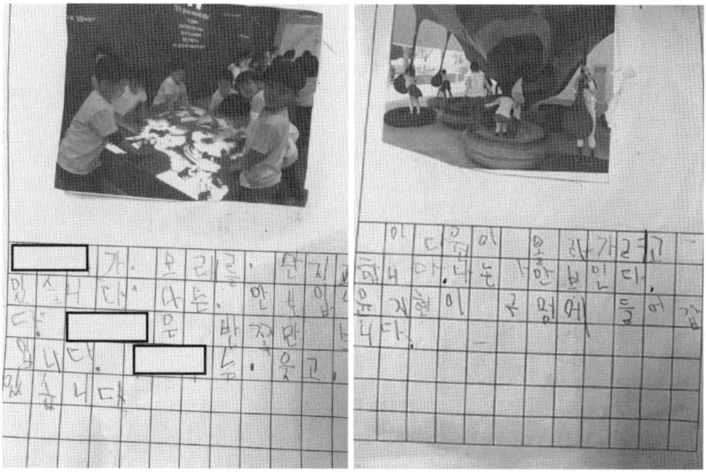

개똥이가 한 사진 보고 문장 만들기

인데, 서술어도 다양해지고 목적어도 등장합니다. 소똥이가 모래를 만지고 있는데 나는 안 보이고, 양똥이는 반쪽만 보이고 새똥이는 웃고 있습니다. 교사는 개똥이가 하는 말을 듣고 낱말 수첩에 그 문장들을 그대로 써 주었고 개똥이는 옮겨 썼습니다. 어쩌면 옮겨 그렸을지도 몰라요. 마침표를 사용해야 한다는 것은 배웠는데 기능적 사용은 숙달하지 못해 자의적으로(교사가 써 준 낱말 수첩에는 문장 끝나는 곳에만 마침 표 표시를 했는데도) 띄어 쓴 곳마다 마침표를 찍었습니다. 이를 굳이 고쳐 줄 필요는 없어 보입니다.

바로 옆에 나온 오른쪽 사진은 그다음 날 한 학습지입니다. 닭똥이가 올라가려는데 나는 여전히 안 보이고, 범똥이는 구멍에 들어갑니다. 하루가 지났을 뿐인데 마침표 사용이 달라졌습니다. 그렇다고 마침표의 기능을 숙달한 것처럼 보이지는 않아요. 낱말 수첩에 적힌 문장을 그대로 옮겨 쓰면서 마침표 표시에 좀 더 주의를 기울였던 것으로 보이지요. 교사는 다음 날 개똥이 낱말 수첩에 개똥이가 하는 말을 받아 적을 때 마침표를 좀 더 강조해서 그려 주었습니다.

'매개를 통한 회상'으로 도구를 사용한 인간의 역사는 오래되었습니다. 노스탤지어의 손수건, 각주구검刻舟求劍의 어리석은 칼자국, 더 거슬러 올라가면 동굴 속의 벽화와 이런저런 표식까지 모두 매개를 통한 회상의 예지요. 인간이 무언가를 기억하기 위해 그림 문자를 쓰고 글말로 발달시켜 온 역사 역시 그렇습니다. 생각과 말 발달 노선이 하나가 되어 말로 생각하게 되면서 지각과 기억 기능의 획기적 재구조화가 이루어지고, 그 말을 기록하게 되면서 인류의 문화와 역사가 전승, 발달합니다. 그림 문자나 글말이 회상의 매개로 기억을 꺼내오듯이, 사진에 담긴 한 장면이 그 활동의 맥락 전체에 대한 회상을 일으킵니다. 그 맥락을 말로 표현하고 그 문장을 글로 써 보면서, 사진 이미지가 의미화되고 문자화되어 기록되는 거지요.

회상을 통한 의미화

사진이 매개가 되어 즐거웠던 혹은 불쾌했던 어느 한 장면의 기억이 떠오르고, 그 기억을 문장으로 말하고 글로 쓰는 활동이 바로 '회상을 통한 의미화' 과정입니다. 이런 활동은 개똥이처럼 체험을 '언어화=의미화'하는 기능이 발달하지 않은 아이들에게도 중요한 기능 숙달의 과정이지만, 소똥이처럼 의미화한 체험(의미 구성)을 글로 쓰는 과정(문자 구성)을 숙달 중인 아이들에게도 꼭 필요한 과정이라고 설명했지요. 말똥이처럼 이미 의미 구성과 문자 구성이 능숙하며 공동 일반화 기능을 숙달 중인 아이들 역시 즐겁게 참여하는 과정이 되니 더욱 좋습니다.

다음 자료는 6월 12일 소똥이와 말똥이의 사진 보고 문장 만들기 활동 학습지입니다. 4월 초 학교 뒷산에 가서 개구리알을 관찰하던 생태 수업 장면을 담은 사진을 소똥이와 말똥이가 골랐습니다. 같은 사진이지만 아이들이 회상하는 정도, 문장 구성 형식이나 내용은 사뭇 다르지요.

소똥이는 낱말 수첩을 활용했기 때문에 맞춤법이나 띄어쓰기 오류가 거의 없습니다. '개구리알을 보고'에서 '보고'는 붙여 써야 하는데 칸이 모자라니까 다음 줄로 내려쓴 것은 나름의 지적 문제 해결을 한 과정입니다. 낱말 수첩에는 그런 안내가 없기 때문이에요. 친구들

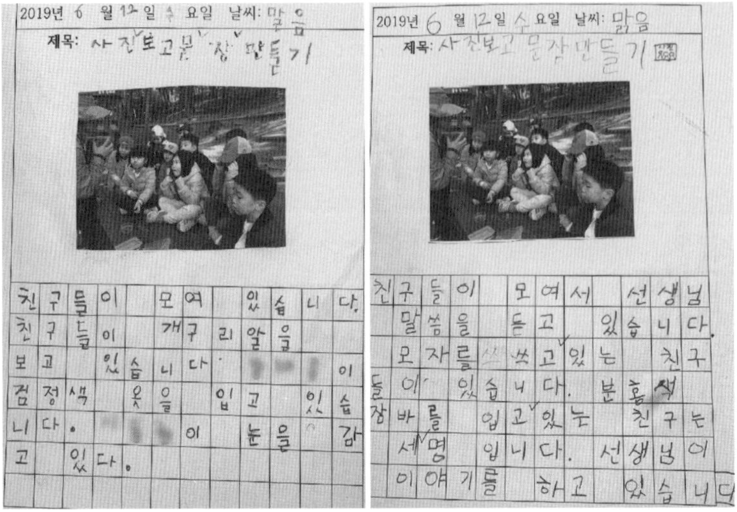

소똥이와 말똥이의 사진 보고 문장 만들기 활동 학습지

이 모여 있다는 전체적인 장면을 설명하는 문장이 있고, 주어+목적어+서술어 문장이 나타납니다.

말똥이는 겉으로 보기에는 띄어쓰기 오류가 많은 것으로 보이지만, 낱말 수첩의 도움을 전혀 받지 않았다는 것을 염두에 둔다면 앞서 말했던 것처럼 이미 기초 문해력을 숙달한 학생이라는 것을 알 수 있어요. 문장 구성 역시 복문이 나타나고 내용 역시 서사적 구조를 보여 주고 있으며 복합적입니다. 마지막 줄 칸이 부족하니까 옆에 칸을 그린 후 글자를 쓰는 나름의 지적 문제 해결법도 사용하고 있지요.

학습지를 확인하면 교사는 띄어쓰기에 대한 간단한 피드백을 주었습니다. 문단 앞에 한 칸 띄어쓰기나 줄 바꿈에서 띄어쓰기 방법 등은 아직 먼 학습 영역이라 별도의 피드백을 하지 않았어요.

소똥이와 말똥이가 함께한 경험인데도 의미화하는 내용은 다릅니다. 사진에 보이는 내용만 주로 기술한 소똥이 글에는 사진으로는 식별하기 어려운 '개구리알'이라는 표현이 기억을 통해 드러났습니다. 말똥이는 선생님 말씀을 듣고 있는 친구들에 관해 기술하는데, '모자를 쓰고 있는 친구, 분홍색 잠바를 입고 있는 친구'처럼 나름의 분류 기준을 세웁니다. 내용 생성에 지적 전략을 도입하는 모습(지성화된 말)을 보여 주네요.

모든 1학년 아이가 말똥이처럼 학습하지는 않습니다. 말똥이가 의미 구성을 하고 문자 구성을 하는 동안, 교사는 개똥이와 소똥이에게 낱말 수첩 등을 활용한 도움을 줄 수 있습니다. 말똥이도 소똥이도 개똥이도 각자 나름의 배움을 이어 가고 있음을 확인할 수 있지요. 이 활동을 하는 데 초기에는 긴 시간이 필요해 두 차시를 편성했지만, 이 활동을 매일 한 편씩 2주 정도 지속하면 학급 전체 아이가 숙달하게 되고 15~20분이면 활동이 끝나게 됩니다. 교과서에 나오는 한두 차시의 수업으로는 숙달하기 어렵지만 2~3주 꾸준히 하면 누구나 사진을 보고 문장 세 개를 만들어서 쓰는 것은 어렵지 않은 일이 되거든요.

세 문장 이상 말하고 쓰기

1학년 쓰기의 목표가 세 문장 이상 쓰기라는 기준은 국어과 교육과정 어디에도 없습니다. '세 문장 이상은 쓸 수 있지 않을까?' 하는 경험적 판단에 따라 세 문장을 기준값으로 정했습니다. 2019년 발표된 유승아의 「초등학교 1학년 학생의 쓰기 능력 발달에 관한 단기 종단 연구」를 살펴보면, 한 문장도 쓰지 못하는 학생의 비율이 1학기 중순에 24.1퍼센트에서 2학기 말에는 1퍼센트로 감소하나, 세 문장 이하로 쓰는 학생 비율은 2학기 말에도 11.1퍼센트에 달한다고 밝히지요.

이 연구를 보면서 '세 문장 이상 말하고 쓰기'라는 기준이 더 분명해졌습니다. 나머지 11.1퍼센트의 학생들도 세 문장 이상 말하고 쓸 수 있기를 간절히 바라게 되었지요. 말하기에서 쓰기로 넘어가는 교실을 운영했던 우리 반 학생들의 쓰기 결과는 가장 적게 쓴 경우에는 네 문장이었고, 학급 전체 평균값은 5.8문장이었어요. 무슨 말을 써야 할지 몰라서(의미 구성), 어떻게 글자로 써야 할지 몰라서(문자 구성) 망설이거나 머뭇거리는 아이들이 없는 교실에서 누구나 네 문장 이상은 어려움 없이 쓰는 모습을 11월이면 확인할 수 있었어요.

10장

그림을 그리고 글을 써 봐요

: 함께 쓰는 그림 글쓰기

초등학교 1학년 1학기 국어 교육과정은 7월이면 '그림 그리고 글쓰기(그림 글쓰기)'라는 정점을 향해 가지요. 주말을 지낸 이야기를 나누고, 겪은 일에 대한 소감을 말하고, 사진을 보고 말하고 문장을 만들어 쓰기 등 모든 활동은 '그림 글쓰기'를 향해 가는 과정이었습니다. 세 가지 활동이 모두 '그림 글쓰기' 활동에 집약되어 나타나지요. '그림 일기'가 아닌 '그림 글쓰기'라고 하는 이유는 굳이 '일기'의 형식으로 쓰기 교육을 해야 할 필요를 느끼지 못하기 때문입니다. 국가인권위원회가 '일기 검사'를 인권 침해 소지가 있다고 권고한 것이 벌써 2005년의 일입니다. 그 후 일기 쓰기와 일기 검사가 사라져서 글쓰기 능력이 저하되었다는 비판도 있지만, 쓰기를 가르치고 배우는 방법에는 '일기 쓰기'만 있는 것은 아니에요.

주말 이야기는 개인적 체험을 회상하여 청자가 듣고 이해할 수 있도록 아이들이 공동 일반화하여 말하는 것이 핵심인 활동입니다. 이 활동은 그림 글쓰기 활동에서 오늘 있었던 일 중 하나를 회상하고, 독자가 읽고 이해할 수 있도록 공동 일반화하여 쓰는 것과 연결되지요. 겪은 일에 관해 소감을 말하는 활동은 함께한 경험에 대한 나만의 느낌을 의미화해서 표현하고 각자의 느낌이 서로 다를 수 있음을 이해하는 것이 핵심인 활동이에요. 이 활동은 그림 글쓰기 활동에서 나만의 느낌을 표현하는 것과 연결됩니다. 앞서 한 사진 보고 문장 만들기 활동은 사진이라는 매개물을 통해 기억을 떠올리고 이를 언어화하는 것이 핵심입니다. 이제 시도할 그림 글쓰기 활동은 사진이라는 직접적인 매개가 아닌, 의미화된 기억을 그림으로 재현하고 이를 글로 표현하는 것과 연결됩니다.

그림이 매개가 되는 글쓰기

'유럽'을 그림으로 그리는 것보다 글자로 쓰는 것이 더 쉽다는 것을 발견하는 것은 말(의미)을 그림으로 재현하는 것보다 글로 쓰는 것이 더 쉽다는 것을 발견하는 일입니다. 표현하고 싶은 말(의미)을 기록하는 매개물이 그림, 혹은 그림 문자가 되듯이, '그림 글쓰기'는 '쓰기'의 매개가 되는 '그림을 덧붙인 쓰기'로, 오랜 전통의 이행적 쓰기 방법이지요. 그림 글쓰기는 어떤 체험에 관한 기억을 바로 글로 쓰기 전에 그림으로 그리면서 의미를 표현하고, 그 그림을 매개로 글을 쓰는 중간 과정이지요. 체험(기억)을 직접 소환해서 글로 쓰기 전에 그림으로 표현하고 이를 글자로 의미화하는 과정인 셈입니다.

'사진 보고 문장 말하고 쓰기'는 '사진'이라는 직접적인 매개물이 시각적으로 제시된다는 측면에서 그림 글쓰기를 위한 준비 과정이라고 할 수 있어요. 말똥이는 '사진 보고 문장 만들기' 같은 준비 활동이 없이도 자연스럽게 그림 글쓰기로 이행할 수 있을 겁니다. 소똥이는 교사가 도와주면 가능합니다. 그러나 개똥이는 기억과 회상의 어려움, 즉 체험을 언어화하지 못하는 어려움 때문에 그 전환이 쉽지 않습니다. 무얼 그릴지 몰라서 막막해지는 경험을 하게 되거든요. 2~3주간 매일 '사진 보고 문장 만들기' 활동을 꾸준히 해야 하는 이유입니다. 물론 말똥이나 소똥이에게도 자신의 쓰기 발달에 맞게 참여할 수 있는 의미 있는 과정이 되고요.

이제 사진을 보고 의미(기억)를 떠올려 말로 표현하고 문장으로 쓰던 개똥이, 소똥이, 말똥이는 '사진'이라는 매개물 없이 기억 속의 한 장면을 그림으로 그리는 활동으로 넘어가야 합니다. 기억의 시각적 매개물이 사라지고 기억에만 의존해야 하는 상황이 됩니다. 기억

속의 한 장면을 사진이 아닌 그림의 한 장면으로 포착해 내야 하는 새로운 단계입니다. 그 장면만 포착해서 그림으로 표현할 수 있으면 의미 구성은 준비된 것입니다. 사진이 매개가 된 표현에서 기억을 그림으로 표현하는 과정으로 넘어갑니다.

'이제까지 사진 보고 문장 만들기를 했던 것처럼 사진 대신 그림으로 그려 보는 거야.'라고 안내해 주면, 무엇을 그릴지 장면을 포착하지 못하는 아이들은 거의 없습니다. 함께 학교에서 체험한 내용을 주제로 '겪은 일 소감 말하기'를 하고, 교사는 화면을 통해 아이들의 소감을 문장으로 만들어 주고 나서 해당 주제에 관한 그림을 그려 보자고 하면 공동 의미 구성 과정을 함께했기 때문에 더욱 도움이 되지요.

글을 쓰고 그림을 그릴 수도 있다

다음은 '물총 놀이'를 하고 난 후의 그림 글쓰기입니다. 개똥이, 소똥이, 말똥이의 그림을 비교해 보면 개똥이의 그림이 가장 구체적이고 사실적으로 나타나는 반면, 소똥이는 전체적인 장면을 개략적으로 그렸고, 말똥이는 이를 더 추상화해서 그립니다. 사각형 안에서만 물총을 사용할 수 있다는 것을 보여 주는 사각형과 페트병에서 물

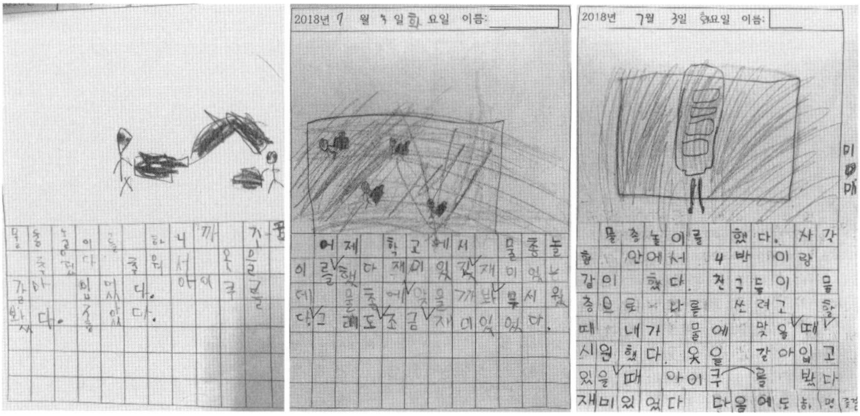

개똥이, 소똥이, 말똥이의 그림 글쓰기

이 나오는 모습을 형상화합니다. 개똥이는 실제 모습의 재현에 가까운 그림을 그린 반면, 말똥이는 의미 있는 것을 추상화해서 표현하고 있는 차이가 두드러지지요.

그림에서 나타난 이런 차이는 글쓰기에서도 드러나지요. 개똥이는 물총 놀이를 하니까 추웠고, 옷을 갈아입었고, '아이쿠'를 봤다고 씁니다. 독자의 맥락에서 왜 물총 놀이에 '아이쿠'를 봤다는 내용이 나오는지 이해하기 어렵지요. 공동 일반화 기능이 아직 나타나지 않고 있기 때문입니다. 낱말 수첩을 사용했기 때문에 맞춤법이나 띄어쓰기에는 오류가 없네요.

소똥이는 물총 놀이를 '어제 학교에서' 했다고 시간과 공간을 명시합니다. 공동 일반화 단계에 진입했음을 보여 주는 지표예요. 재미있는데 물총에 맞을까 봐 무서웠고, 그래서 재미없었다고 할 수 없으니 조금 재미있었다고 씁니다. 문장 표현에 복문이 나타나기 시작합니다. 낱말 수첩의 도움을 받지 않았기 때문에 띄어쓰기에 오류가 나타나지만, 이것은 자연스러운 현상입니다.

말똥이는 물총 놀이의 규칙을 설명하는 것으로 시작합니다. 사각형 안에서 하는데 4반 아이들이랑 같이 했다는 표현에서, 옷을 갈아입고 있을 때 아이쿠를 봤다는 표현에서 공동 일반화의 정도를 가늠할 수 있지요. 내용의 구체화와 함께 복문이 자연스럽게 나타납니다. 낱말 수첩의 도움을 받지 않았지만 맞춤법과 띄어쓰기를 어느 정도 숙달하고 있음을 알 수 있어요.

다음에 나오는 왼쪽 사진은 양똥이의 그림 글쓰기 활동지입니다. 양똥이도 소똥이나 말똥이처럼 낱말 수첩의 도움을 전혀 받지 않고 글을 썼습니다. 경험을 말과 글로 표현하는 데 어려움이 없어요. 어제, 누구와 물총 놀이를 했는지 공동 일반화를 시도하며, 내가 뱀똥이를 맞추니 뱀똥이가 나를 맞췄다는 내용에 맞게 그림을 그렸습니다. 문장 말하기의 숙달 정도에 비해 글쓰기에서 맞춤법 숙달이 필요한 것 같아서 피드백을 주고 다시 한번 잘 써 보라고 했습니다. 오른쪽 결과를 보면 피드백을 준 대로 잘 고쳐 쓴 것을 확인할 수 있어요. 양똥이 수준에서 '어렵지 않게' 할 수 있는 수준에서 피드백을 주고 '다

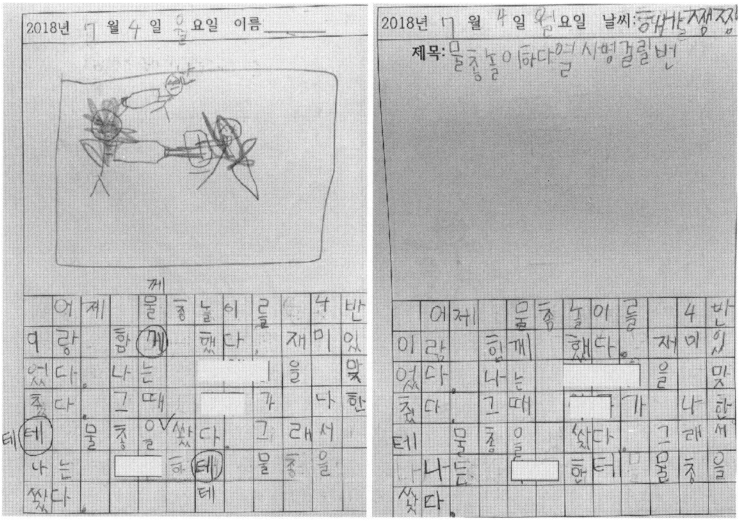

양똥이의 그림 글쓰기 다시 쓰기

시 쓰기'를 주문합니다. 다시 쓰기의 주목적이 맞춤법의 정확성에 있기 때문에 '그림 그리기'를 다시 요구하지 않습니다.

그림 글쓰기 활동을 하다 보면 "그림을 꼭 먼저 그려야 하나요?" 묻는 아이들이 있습니다. 대체로 말똥이 같은 아이들입니다. 이미 기억을 회상해서 의미화하는 과정을 숙달한 경우이기 때문에 굳이 '그림'에 집중할 필요가 없다고 생각하기 때문이지요. 혹은 글을 먼저 쓰고 그림을 그리면서 시간을 조절하고 싶기 때문이기도 해요. 그래서 언제나 '글을 쓰고 그림을 그려도 된다.'라고 답해 줍니다.

조금 지나면 "그림은 안 그려도 돼요?" 묻는 아이들이 생깁니다. 그림 글쓰기는 글쓰기로 가기 위한 중간 과정입니다. '그림'보다 '글'이 주가 되는 활동을 하고 싶다고 선택한 아이들을 제지할 필요를 느끼지 못하기 때문에 그래도 좋다고 합니다. 그 과정에서 자연스럽게 그림 글쓰기에서 글쓰기로 넘어가게 되지요.

문자 쓰기를 거부하는 아이?

Q **2학기가 넘어가는데도 글보다 그림으로 표현하는 것을 더 편하게 여기는 아이가 있다면 어떻게 도와줘야 할까요?**

A 2학기가 넘어가는데도 그림으로만 표현하려는 아이들을 만나기는 쉽지 않을 것 같습니다. 학교라는 공간이 지닌 '문해로 둘러싸인 힘' 때문에 대부분의 아이는 읽고 쓰려는 의지를 갖게 되니까요. 만약 문자 쓰기를 거부하는 아이가 있다면 발달적 측면과 심리적 측면을 동시에 살펴야 합니다. 심리적 측면에서 그림을 잘 그릴 수 있는데 글자는 잘 못 쓰니까 거부하는 자기 보호의 기제가 작동하는 것은 아닌지 살펴야 하지요. 그런 경우를 방지하기 위해 누구나 잘하는 것도 있고 못하는 것도 있다는 것을 이야기해 줍니다. 학교는 못하는 것을 잘할 수 있게 도와주는 곳이고, 우리는 그런 것을 배우러 학교에 온다는 점을, 못하는 것이 부끄러운 일이 아니라는 사실을 학기 초부터 계속 안내합니다.

만약 음운 인식이나 시지각 식별 기능, 감각통합 등 발달적 측면에서 어려움이 있는 경우라면 우선 특수 교사의 지원을 요청합니다. 교실 수업을 참관하면서 아이의 발달 특성을 진단하고 어떤 어려움이 있는지 협의해야 하지요.

'일기'라는 형식에 얽매이지 않기

Q **아이가 독서록, 일기 쓰기가 제일 싫다는데 억지로라도 쓰게 해야 하는 걸까요?**

A 쓰기는 자발적이고 의식적인 행위입니다. 억지로 하는 것이 도움이 되지는 않습니다. 학교 숙제로 하는 것이라면 어떻게든 하겠지만 가정에서 하는 것이라면 더 하기 싫을 수 있습니다. 독서록이나 일기 쓰기가 싫다면 왜 싫은지 그 이유를 물어보고, 싫은 이유를 해결하는 방법은 무엇이 있을지 대화를 나누세요. 양이 과도하다면 양을 줄여 주고 형식이 문제라면 그 부분을 조율해야 해요.

독서록과 일기 쓰기는 목적이 서로 다릅니다. 먼저 독서록은 책을 읽고 내용에 대한 이해, 공감 정도를 표현하는 한 수단입니다. 굳이 줄글로 길게 쓸 것을 요구할 필요가 없습니다. 더 중요한 것은 이야기 글이라면 사건의 전개와 결말, 등장인물의 특성, 내용 요약, 내 생각과 느낌을 표현할 수 있느냐에 있습니다. 다양한 형식으로 독서록을 쓸 수 있게 해 주세요. 이미 쓰기 숙달이 되었다면 읽은 책에 별점을 주고 '소감 한 문장 쓰기'나 '기억에 남는 명대사 쓰기' '새롭게 알게 된 내용 쓰기' '뜻을 잘 모르는 낱말 찾아 쓰기' 정도만 해도 충분하다고 봅니다.

'일기 쓰기'는 자기 경험이나 생각을 회상하고 글로 기록하는 것이 목적이고 개인적인 글이기 때문에 아이들이 쓰고 싶을 때 쓰도록 하는 것이 좋아요. '일기 쓰기'가 아닌 '삶을 가꾸는 글쓰기'를 하는 이유는 일기를 넘어선 기록의 의미를 배워 가는 것이 필요하기 때문입니다. 그래서 글쓰기 주제를 정해서 줍니다. 학교에서 의미 있었던 일, 배운 내용, 기억해 두면 좋을 일 등입니다.

고학년이 되면 주로 학교에서 배운 내용에 관해 글을 쓰게 합니다. 그 과정은 배운 내용을 복습하고 기억하고 궁금한 것은 더 찾아보는 과정과 연결됩니다. '일기'라는 형식을 강요하지 않는 것이 좋습니다.

독서록 쓰기와 일기 쓰기(글쓰기)가 싫다는 아이 중에는 손으로 글씨를 쓰는 행위 자체에 부담을 느끼는 경우가 있어요. 그런 경우에는 한글이나 워드 프로그램을 활용해서 글을 쓸 수 있게 해 주세요. 간단히 메모장에 적은 글을 패들렛이나 구글 문서로 작성해서 가족들이 함께 보고 소감이나 격려의 댓글을 주고받는 것도 쓰기 욕구를 자극하는 좋은 방법이에요. 온라인 글쓰기의 장점은 언제, 어디서나 보고 피드백을 해 줄 수 있다는 거지요. 멀리 가 있는 가족들과도 공유할 수 있고 사진도 첨부할 수 있고요. 이런 과정 자체가 바로 미디어 리터러시를 기우는 과정이기도 합니다.

11장

내 경험을 글로 써 봐요
: 주제가 있는 글쓰기

문해력 학습 과정에서 그림 글쓰기는 글쓰기로 넘어가기 위한 중간 과정입니다. 기초 문해력이라는 종착점은 '그림 없는' 글쓰기로 마무리됩니다. 물론 '그림'이라는 요소는 의미 전달과 소통의 주요한 매개 요소이며 함축적 표현이 가능한 매개 기호입니다. 그림으로 내용을 축약하는 비주얼 싱킹이나 학습 만화, 카툰 등이 지닌 장점은 매우 크지요. 그러나 1학년 교실의 문해력 학습에서는 '그림이나 사진으로 매개된 쓰기'에서 '그림이나 사진 없는 쓰기'로 이행해야 하는 과제가 있습니다. 기능적 글쓰기에 숙달한 이후에는 공동 일반화된 '의미'를 그림으로, 만화로, 음악으로, 소리로, 영상으로 얼마든지 다양하게 표현할 수 있습니다.

말하기에서 쓰기로 넘어가는 교실에서 1차적 쓰기가 '문자'로 쓰는 것이라면, 이후 2차적 쓰기, 즉 기초적 문해력 단계에서는 그림, 영상, 사진 등 다양한 방식으로 넘어가게 됩니다. 미디어가 문자와 인쇄물로 한정될 이유도 없습니다. 이런 양상은 교실에서 칼로 무 자르듯이 다르게 나타나지 않아요. 아주 초기부터 주말 이야기를 듣고 세 컷 만화 그리기나 그림과 글 혼합 쓰기로 나타나는 양상을 볼 때 이를 확인할 수 있어요. 문해력을 학습하는 과정에서 자연스럽게 나타나는 과정이고, 이미 다양한 기호 체계나 매체를 경험했기 때문에 다채로운 표현이 나타납니다.

문자나 인쇄물을 넘어선 미디어가 디지털 기술과 만나면서 엄청나게 확장되는 이 시대에 맞게 국어 교육과정에도 다양한 매체 자료를 읽고 쓸 수 있도록 하고 있습니다. 그런데도 1학년에서 기초 문해력으로 글쓰기를 숙달하는 것의 중요성은 절대로 반감되지 않지요. 생각을 글로 쓰는 것의 숙달이 단순히 '쓰기'라는 기능 자체에만 있는 것은 아니기 때문입니다. 소리 내어 말하지 않아도, 소릿값을 떠올리지 않아도, 의미를 문자화하는 기능을 숙달하는 것은 주변 사람들과 대화하는 말하기 기능이 마음속으로 자신에게 말하는 심리적 기능인 내적 말로 이행하는 것입니다. 그 과정에서 쓰기는 내적 말을 밖으로 꺼내 놓는 법을 숙달하는 과정이지요.

내적 말하기에서 쓰기로

내적 말, 곧 생각을 글로 쓰는 과정은 기초 문해력의 숙달을 의미합니다. 그림이나 사진 같은 매개 없이, '느아는 오느을 하악교'와 같은 소리를 떠올리지 않고 글을 쓰게 됩니다. 이를 위해 이제까지 소릿값과 문자의 대응, 말 그리기, 주말 이야기, 겪은 일 소감 말하기, 낱말 수첩, 사진 보고 문장 만들기, 그림 글쓰기 과정을 하나하나 밟아 왔습니다. 이제 사진이라는 직접적인 매개물 없이 장면을 떠올려 그림을 그리고 글을 쓰는 그림 글쓰기 단계를 넘어, 물리적인 그림 없이 기억하고 생각하고 그 의미를 글로 써야 합니다.

2학기가 되면 '사진도, 그림도 없는' 글쓰기를 집중적으로 연습합니다. 학교에서 배운 내용이나 기억할 만한 일을 주제로 주고 주제에 대해 각자의 소감을 돌아가면서 말해 봅니다. 그리고 일기의 형식을 차용한 글쓰기를 합니다. 먼저 글을 쓴 날짜와 제목을 쓰는 형식을 보여 주고 하나하나 안내합니다. 그림 글쓰기를 통해 배웠던 형식이라 어렵지 않습니다. 다만 10칸 국어 공책을 사용한다는 차이가 있을 뿐입니다. 2~3주 정도 학교에서 함께 연습한 다음 어느 정도 익숙해지면 주 2~3회 정도 숙제로 주고 스스로 할 수 있도록 합니다. 개똥이처럼 낱말 수첩이 필요한 아이들은 가정에 안내하고, 이마저도 어렵다면 아침에 학교에 와서 쓸 수 있게 합니다.

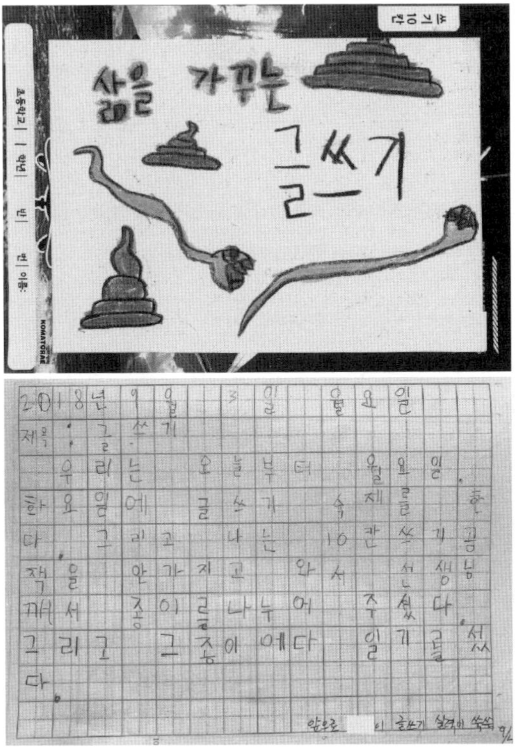

글쓰기 공책 표지 만들기와 첫날 쓰기 연습

이제 2학기가 되었으니 그림을 그리지 않아도 글로 쓸 수 있는 단계가 되었다는 것을 강조해서 알려 주고 글쓰기 공책을 소개합니다. 10칸 국어 공책 표지에 종이를 붙여 주고 나만의 글쓰기 공책 표지를 함께 만듭니다. 공책 이름은 '삶을 가꾸는 글쓰기'입니다. 글을 쓰며 나를 돌아보는 행위 자체가 삶을 가꿔 나가는 한 방법임을 깨우쳐 준 이오덕 선생님에 대한 존경을 담은 이름이라고 아이들에게 알려 주기도 하지요.

아침에 학교에 오면 글쓰기 공책을 제출합니다. 매일 오전 아이들의 글을 읽으며 성장을 확인하는 것은 교사들에게 큰 즐거움이기도 합니다. 아이들의 수준에 맞게 피드백해 주는데 피드백 방향은 두 가지입니다. 하나는 내용에 대한 공감이나 추가 정보를 제공해 주는 것입니다. 또 하나는 맞춤법이나 띄어쓰기, 문장 등에 대한 교정인데, 이것은 하고 싶은 말을 글로 쓰는 것에 막힘이 없는 아이들에게 주는 피드백입니다. 그러나 어느 시기가 되면 말똥이나 소똥이뿐 아니라 개똥이에게도 맞춤법이나 띄어쓰기에 관해 피드백하게 됩니다. 개똥이도 하고 싶은 말을 글로 쓰는 데 어려움이나 주저함이 없어지는 때가 다가오기 때문이지요.

옆은 글쓰기를 처음 해 본 9월 3일과 어느 정도 익숙해진 11월 21일 결과입니다. '학교에서 베짜기를 했다.'라는 첫 문장까지 함께 쓰고, 이어지는 내용은 각자 세 문장 이상 써서 가져오라고 했습니다. 9월 3일 첫 글쓰기에서 개똥이의 표현이 매우 단순화된 것을 보면 그림 글쓰기보다 퇴행한 것처럼 보이기도 합니다. 그러나 그림이나 사진 같은 매개가 없는 글쓰기로의 도약으로 인한 일시적 현상입니다. 뇌의 작업 기억은 새로운 과업에 집중하게 되기 때문이지요. 틀린 글

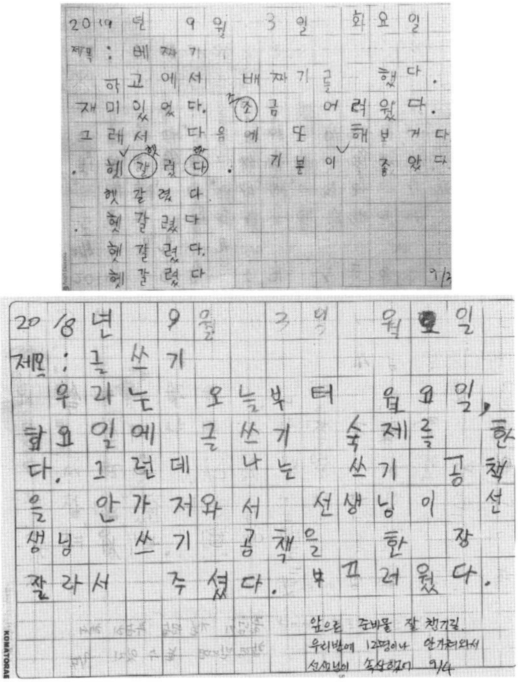

9월 3일(개똥이)과 11월 21일(말똥이) 글쓰기 피드백 사례

자('조금')에 동그라미를 해 주고 고쳐 보라고 하고, '헷갈렸다'처럼 어려운 낱말은 빈 곳에 세 번 정도 쓰면서 연습해 보라고 알려 줍니다. 별도로 말해 주지 않고 띄어쓰기 표시만 해 준 곳도 알아서 고쳐 옵니다. 이는 띄어쓰기 기능을 어느 정도 이해하고 있다는 뜻이기도 하지요.

11월 21일 시계 보기를 배운 후에 쓴 말똥이의 글쓰기입니다. 어제, 학교에서, 수학 시간에 시계 보기를 했다는 공동 일반화가 잘 나타나 있지요. 시침과 분침의 기능을 설명하고 예시를 들어 줍니다. 그리고 시계 보는 방법을 이미 알고 있다는 내용으로 마무리했어요. 논리적 구조를 보여 주는 글쓰기입니다. '가르키다'가 아니라 '가리키다'라는 것을 설명해 주고, 고쳐 쓰고 연습해 보는 과제를 주었습니다.

쓰기 폭발

1학년 아이들이 기초 문해력을 어느 정도 숙달하게 되면 쓰기 기능이 자동화되면서 쓰기 폭발(자동화된 쓰기)이 나타나기도 합니다. 내가 겪은 일, 하고 싶은 말을 글로 쓰는 것이 너무 즐거운 어떤 시기가 오게 되지요. 피곤하다고 그만 자라고 하는데도 세 쪽이나 넘게 글쓰기를 해 오는 아이들도 있고, 내기하듯 경쟁적으로 많이 쓰기에 도전하는 아이들도 보았습니다. 그러나 강요된 쓰기 학습에 이미 지친 아이들에게는 이런 현상이 나타나지 않기도 해요.

개똥이는 어떨까요? 개똥이도 1학년이 가기 전에 쓰기 폭발이 일어날까요? 다음은 9월 3일 개똥이의 첫 글쓰기 결과물과 낱말 수첩 내용입니다. '베짜기'라는 낱말 자체도 생소한데 '베'와 '짜기'를 쓰는 것도 어려워서 제목의 '베짜기'는 글자를 그린 것처럼 보입니다. 특히 명조체 'ㅉ'을 고딕체 'ㅉ'으로 거의 그린 것을 보고 의아했는데, 맥락을 살펴보니 교사가 보여 준 화면 속의 글자체가 '한컴윤고딕'이라 '베짜기'를 따라 그린 것임을 알게 되었지요. 익숙하지 않은 낱말이기에 옮겨 쓰기를 했고, 기초 문해력 숙달이 되지 않아 'ㅉ'으로 전유하

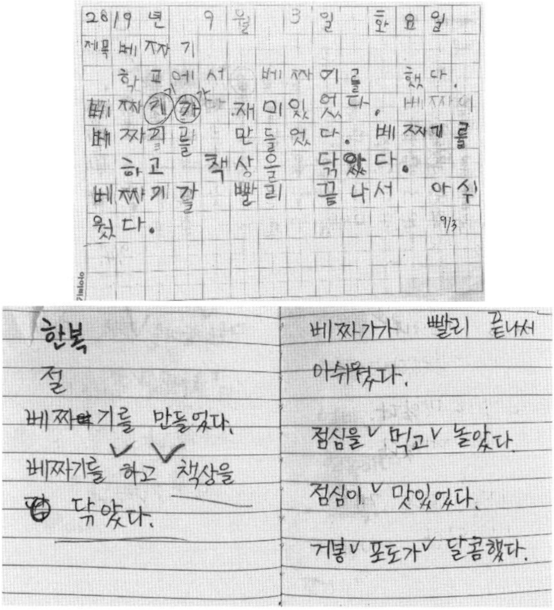

9월 3일 개똥이의 글쓰기와 낱말 수첩

지 못하는 현상이 발생한 거지요. 교사가 낱말 수첩에 'ㅉ'으로 쓴 것을 보고 난 다음부터 글자 모양이 잡혀 간다는 것을 확인할 수 있습니다. '베짜기가 재미있었다.'라는 문장을 낱말 수첩의 도움 없이 스스로 생성했고, 나머지 세 문장은 낱말 수첩의 도움을 받았습니다.

아래는 9월 24일과 10월 2일 개똥이의 글쓰기 공책입니다. 9월 24일 덧셈 놀이 글쓰기는 언제, 어디서, 누구와, 어떻게 했는지 전체

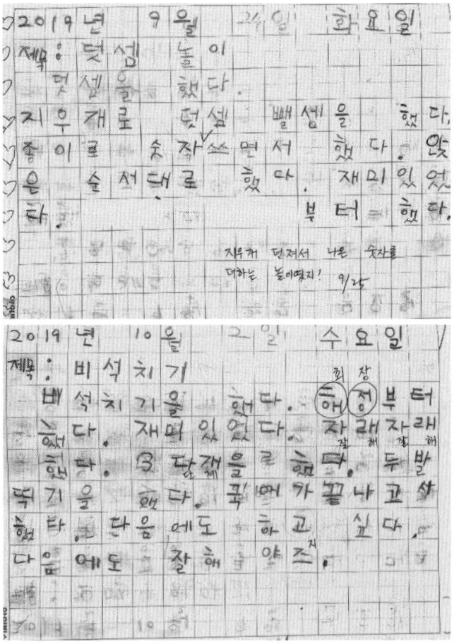
2019 년 9 월 24일 화요일
제목: 덧셈 놀이
덧셈을 했다.
지우개로 덧셈 빨셈을 했다. 종이로 숫자쓰면서 했다. 앉은 순서대로 했다. 재미있었다. 부터 했다.
지우개 던져서 나온 숫자를 더하는 놀이였지! 9/25

2019 년 10 월 2 일 수요일
제목: 비석치기
비석치기를 했다.

개똥이의 9월 24일, 10월 2일 글쓰기

적인 맥락을 설명하지는 못하지만, 흐름을 따라가면서, 즉 서사를 구성하면서 글을 쓰는 모습을 보여 주지요. 그러나 독자가 보기에 지우개로 어떻게 덧셈 놀이를 했다는 것인지 이해하기 어렵습니다. 교사는 덧글 피드백을 통해 '지우개를 던져서 나온 숫자를 더하는 놀이'였음을 상기시키며 맥락적 이해를 돕습니다. 이는 내용을 추가하는 피드백입니다. 반면 공동 일반화에 숙달한 말똥이는 "학교에서 사방치기 판으로 덧셈 놀이를 했다. 지우개를 던져서 하는 놀이다."라고 기술했습니다.

10월 2일 비석 치기에 대한 개똥이의 글쓰기는 얼핏 보기에는 9월 24일 글쓰기보다 되보한 것처럼 보이지만, 낱말 수첩을 사용하지 않고 스스로 쓰는 '독자적 쓰기 단계'에 들어섰기 때문에 더 나아간 쓰기입니다. 그래서 맞춤법이나 띄어쓰기 오류가 많이 나타나지요. 띄어쓰기보다는 맞춤법에 우선을 두고 피드백해 주었습니다. 잘못된 모든 철자를 고쳐 쓰는 게 아니라 '해정'에만 동그라미를 해 줘서 그것만 '회장'으로 고쳐 쓰라고 합니다. 이 글에서도 공동 일반화는 아주 초보적인 수준으로 나타나 있어요. 연상적 쓰기로 떠오르는 대로 문장 하나씩 써 내려갔다는 것도 확인할 수 있습니다. 기준인 세 문장을 훌쩍 넘어 아홉 문장을 썼지만, 문장 대부분이 한두 단어로 구성된 짧은 문장이에요. '국어가 끝나고서 했다.'에서 복문이 슬쩍 나타납니다.

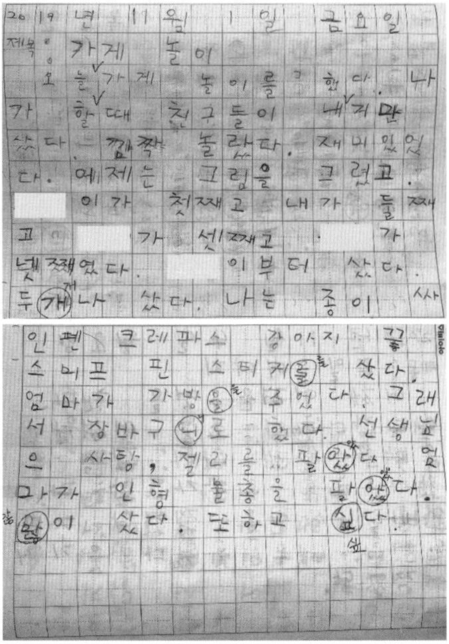

11월 1일 개똥이의 글쓰기 : 가게 놀이

대부분의 아이는 10월이 되면 글쓰기 폭발이 일어납니다. 위 사진을 보면 개똥이는 11월 1일 가게 놀이를 하고 난 후에 쓴 글부터 두 쪽 이상 글을 쓰게 되었습니다. 가게 놀이가 개똥이에게 특별히 재미있고 의미 있는 활동이었기 때문이라는 걸 알 수 있습니다. 무엇보다 친구들이 자기 물건을 사러 많이 와 준 것이 좋았고, 전날에는 그림을 그려 가게 놀이 간판을 만들었고, 모둠별로 가게를 여는 순서를 정해 주었는데 개똥이는 두 번째였다는 것, 누가 물건을 두 개나 샀고 내가 준비한 물건이 무엇무엇인지, 엄마가 물건을 담아 오라고 가방을 준비해 줬다는 것, 교사는 먹을 것을 팔았고, 엄마가 인형이랑 물총을 팔라고 했다는 것, 물건을 많이 샀고 또 놀이를 하고 싶다는 내용입니다.

개똥이의 글쓰기는 여전히 단문 중심으로, 공동 일반화를 위한 맥락이 부족하여 함께 경험한 친구들이 아니면 독자가 읽고 이해하기 어려운 것이 사실입니다. 그런데도 '무엇을 했고, ……이고, ……이고, ……였다.' 같은 복문이 나타나고, 한두 낱말로 구성되던 문장이 주어+목적이+서술이 형태로 등장하고 있다는 것, 낱말 수첩의 도움을 거의 받지 않고도 15문장을 썼다는 점에서 엄청난 진보를 보여주고 있지요. 이렇게 개똥이도 쓰기 폭발과 함께 기초 문해력을 숙달해 가고 있습니다.

쓰기의 즐거움을 느낄 때까지!

Q **11월, 12월이 되어도 '쓰기 폭발'에 도달하지 못하는 아이에게는 어떤 도움을 줄 수 있을까요?**

A 쓰기 폭발은 쓰기의 자동화와 연결되어 있습니다. 쓰기의 자동화는 쓰고 싶은 말을 막힘 없이 쓸 수 있는 단계입니다. 즉, '학교'를 쓸 때 의식적으로 'ㅎㅏㄱㄱㅛ' 하지 않아도 거의 무의식적으로 무조건 반사처럼 쓰는 단계지요.

쓰기 폭발이 나타난다는 것은 '하고 싶은 말=쓰고 싶은 말'이 너무 많아서 원래 정해진 양을 훌쩍 넘어서는 쓰기를 하는 시기를 의미합니다. 그 전제 조건이 '쓰기의 자동화'입니다. 쓰기 폭발은 1~2학년 사이에 나타나는 게 일반적이지만 모든 아이에게 나타나지는 않습니다. 너무 어릴 때부터 쓰기 학습을 하면서 체험의 회상 기능이 발달하기 전에 쓰기 기능을 숙달한 아이들은 '쓰기'라는 행위 자체에 호기심이 없기 때문에 쓰기 폭발이 나타나지 않습니다. '세 문장 이상 쓰기, 다섯 문장 이상 쓰기'라는 조건에만 맞추려는 특성을 보여 주지요. 그러나 이런 학생들이 5학년쯤 되어 글을 조직하고 문단을 나누어 쓰는 과정을 숙달하면 엄청난 쓰기 폭발을 보여 주기도 합니다.

학교에 와서 쓰기를 배우는 과정에서 즐거움을 느끼며 막힘없이 쓸 수 있는 것 자체에 재미를 느낀 아이들은 대체로 2학기 중순이 되면서 쓰기 폭발이 나타납니다. 개똥이처럼 배움이 더딘 아이들은 2학년 어느 시기에 나타나기도 합니다. 억지로 쓰는 것이 아니라 쓰기의 즐거움을 느낄 수 있도록 지원하면서 때가 오기를 기다려야 합니다. 2학년이 되면 손으로 쓰는 것을 넘어서 한글이나 워드 프로그램, 패들렛 같은 게시판에 글을 써서 축적하는 연습을 하는 것도 하나의 계기가 될 수 있어요.

아이가 겪은 일을 말로, 그리고 글로

Q **11월이 되어도 네 문장 이상 쓰는 데 어려움을 겪는 아이가 있다면 어떻게 도와줄까요?**

A 낱말 수첩의 도움을 받기 때문에 '문자'를 쓰지 못해서 네 문장 이상을 생성하지 못하는 경우는 없어요. 이런 경우는 대부분 하고 싶은 말(의미)을 생성하지 못하는 것입니다. 의미 생성은 체험을 언어화하는 것과 연결됩니다. 이를 지원하기 위해서 어떤 활동을 하고 나면 '소감 말하기' 활동을 하고, 다른 친구들이 말한 소감을 함께 소리 내어 읽는 활동을 꾸준히 합니다. 겪은 일을 떠올리며 대화를 나누는 것 자체가 의미를 생성하면서 의미를 저장하는 활동입니다. 그런데도 겪은 일에 대해 네 문장 이상 표현하지 못한다면 교사는 주말 이야기 활동처럼 그 경험에 대해 주고받기와 끌어올리기를 하면서 경험을 회상하고 의미화할 수 있도록 도와줘야 해요.

12장

말하기에서 쓰기로 넘어가기
: 이행적 쓰기 프로그램

지금까지 비고츠키 아동학에서 얻은 이론적 근거와 1학년 교실 현장에서의 경험을 토대로 문해력 발달의 기본인 쓰기 학습을 돕기 위해 어떤 다양한 활동을 하며 어떻게 아이들이 함께 어울려 배울 수 있는지 같이 나눠 보았습니다.

무엇보다 자기 경험을 의미화해서 기억하고, 기억한 것을 꺼내서 표현하는 것을 어려워하는 개똥이, 소릿값은 문자로 나타낼 수 있는데 소릿값과 문자가 어떻게 연결되는지 이해하는 데 시간이 오래 걸리는 개똥이, 사진을 보고 지난 경험을 회상하지만 주어와 술어 수준으로 단순히 나열하는 말하기만 가능한 개똥이, 발음이 불분명해 쓰기에서도 다양한 오류를 드러내는 '느린 학습자' 개똥이가 어떻게 친구들과 함께 자기 속도로 학습에 참여하며 자신만의 쓰기 이야기를 만들어 가는지 보여 주고 싶었지요. 이 장에서는 앞서 시도한 여러 가지 방법을 교사와 학부모가 이해하기 쉽게 도식화하여 다시 설명하려고 해요.

말하기에서 쓰기로, 이행적 쓰기 프로그램의 구조화

초등학교 1학년 교실은 아이들의 말에서 시작하는 이야기가 꽃처럼 피어나는 교실이어야 합니다. 아이들의 표현이 살아 있는 교실에서 친구들의 말을 듣고 말하고 글을 읽고 쓰는 활동이 함께 이우러지는 공부가 되면 좋겠다는 오랜 바람을 담아 꾸준히 실천해 온 몇 가지 활동을 정리했습니다. '말하기에서 쓰기로 넘어가는 교실'을 위해 안내하는 8개 활동은 '이행적 쓰기 프로그램'으로 명명했어요. 이를 도식화하면 다음 그림과 같습니다.

초등학교 1학년 어린이들은 7세의 위기 어딘가에 있습니다. 말똥이는 이미 이 위기를 넘었다면, 소똥이는 이 위기 중에 있고, 개똥이는 이 위기에 진입하려고 합니다. 개똥이, 소똥이, 말똥이는 똑같은 교실에 있지만 각자 처한 발달의 사회적 상황은 같지 않으니까요. 그리고 '교사'라는 매개가 있습니다. 교사는 단순히 쓰기라는 기능 숙달이 아닌, 다음 발달을 끌어내는 학습을 위해 경주하고, 1학년 교실

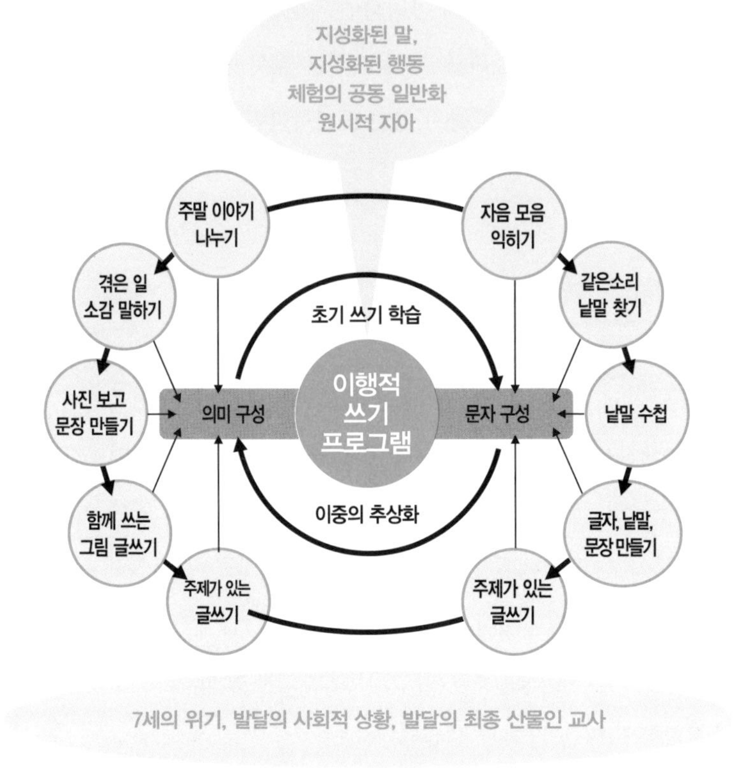

• 이행적 쓰기 프로그램 구조화 •

은 '지성화된 말, 지성화된 행동, 체험의 공동 일반화, 원시적 자아'라는 변화를 위해 달려가기도 하고 걷기도 하고 멈추거나 머뭇거리기도 합니다.

달려가도 무방한 말똥이도 있지만, 멈추거나 머뭇거리는 여유가 필요한 개똥이도 있습니다. 개똥이, 소똥이, 말똥이가 모두 어우러지는 교실을 위해 이행적 쓰기 활동은 의미 구성 활동과 문자 구성 활동으로 체계화됩니다. 의미 구성은 모든 말의 주체가 어린이와 어린이의 체험에 있다는 것에 주목해요. 4월부터 주말 이야기를 나누고, 함께 겪은 일에 대한 소감을 나누고, 사진을 보고 문장을 만들고, 그림 글쓰기를 함께 쓰다가 주제가 있는 글쓰기로 넘어갑니다. 문자 구성 활동은 소릿값과 문자의 대응 관계를 익히며, 낱말 수첩을 통해 글자 쓰기를 두려워하지 않으며 글자, 낱말, 문장을 만들어 써 보다가 주제가 있는 글쓰기로 넘어가지요.

의미 구성 활동과 문자 구성 활동은 '주제가 있는 글쓰기'에서 만납니다. 의미 구성과 문자 구성이라는 이중의 추상화를 요구하는 초기 쓰기가 지닌 작업 기억의 부담은 상당합니다. 그러나 앞에서 언급된 이행적 쓰기 활동 프로그램의 지원으로 쓰기를 숙달하게 되면, 작업 기억의 부담은 낮아지고, 하고 싶은 말이 있으면 바로 글로 쓸 수 있는 수준으로 숙달됩니다. 당연히 이 모든 과정이 모든 아이에게 같게 일어나지는 않지만요.

이 활동들은 모두 독립된 활동이면서 동시에 서로 북돋우는 활동입니다. 예를 들어 '겪은 일 소감 말하기' 활동은 '사진 보고 문장 만들기' 활동에 이어 '함께 쓰는 그림 글쓰기'를 향해 나아가면서 '낱말 수첩'의 도움을 받습니다. 2학기에는 '삶을 가꾸는 글쓰기 활동'과 함께할 수도 있어요.

모든 활동은 계열성이 있지만, 선택적으로 운영할 수도 있지요. 또한 학생들의 문해력 학습 과업과 1학년 국어과 교육과정에 따라 집중해야 할 시기가 있어요. 옆의 표는 일반적인 기준에서 집중해야 할 시기를 정리하여 나타낸 거예요.

굵고 두껍게 표시된 부분은 그 시기의 중심 활동으로, 말 그대로 국어과 교육과정을 재구조화한 수업의 주요 활동이에요. 가늘게 표시된 부분은 그 시기에도 지속되기는 하지만 다수가 아닌, 지원이 필요한 소수의 학생들을 위해 놓치지 않아야 하는 활동임을 보여 줍니다. 아이들에 대한 진단 활동은 3월에 집중되지만 4월부터 12월까지 지속적으로 진행됩니다. 자모의 소릿값과 글자의 짜임은 주로 3월 우리말 우리글 수업과 4월 국어 교과 수업에 집중되지만, 개똥이 같은 아이들을 위해 5월까지도 집중적으로 관심을 두어야 하지요. 그 이후에도 소릿값과 글자의 대응을 숙달하지 못한 아이들을 위해 별도의

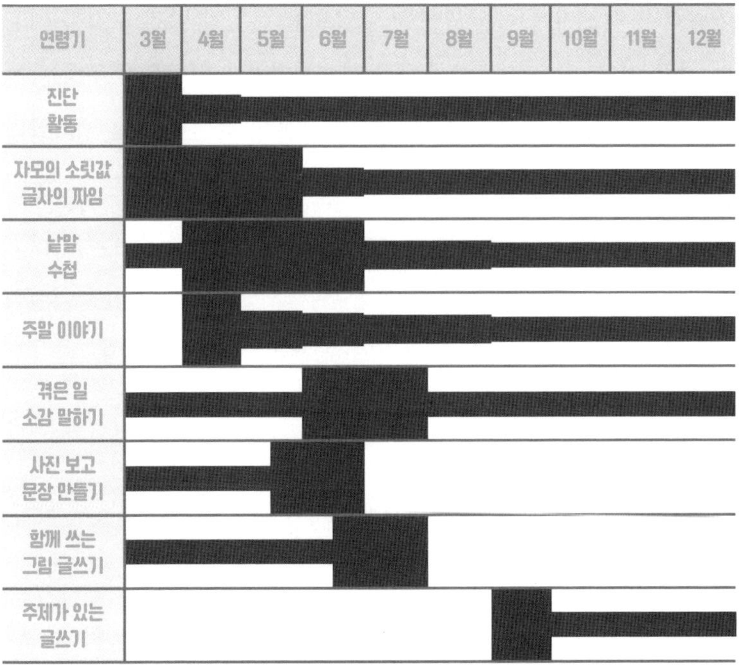

• 이행적 쓰기 프로그램의 중심과 주변 활동 •

관심과 지원이 필요한 활동입니다. 반면 사진 보고 문장 만들기 같은 활동은 5월 말~6월에 집중되는 활동이고, 그림 글쓰기로 넘어가게 되면 더는 지속되지 않습니다. 그다음 과업의 쓰기와 연계되기 때문이지요.

이렇게 구조화한 이유는 교과서에 제시된 차시별 활동을 처음부터 끝까지 통달한다고 개똥이가 쓰기 기능을 숙달할 수 없다는 것을 깨달았기 때문이에요. 교과서를 중심으로 진도에 맞게 수업하는 것이 나쁜 것이 아니라, 그렇게 했을 때 그 내용을 따라오지 못하는 아이들은 배움에서 소외될 수밖에 없기 때문에 나쁜 거라고 생각합니다. '발달의 최종 산물'로 존재하는 교사와 어른이기 때문에 개똥이도, 소똥이도, 말똥이도 모두 소중하고, 글자를 몰라도 소외되지 않고 수업에 참여할 수 있는 길과 방법을 부단히 개척해야 합니다. 이행적 쓰기 프로그램은 그런 고민과 실천의 결과라고 할 수 있지요.

어린이의 체험에 바탕을 둔 의미 중심 쓰기

우리들의 모든 글쓰기가 체험과 배경지식에 근거하듯이, 1학년 어린이의 쓰기와 쓰기 학습도 어린이의 체험, 즉 어린이의 말에서 시작하는 쓰기가 되어야 합니다. 이행적 쓰기의 모든 활동은 모두 어린이의 체험에서 출발합니다. 다 함께 물총 놀이를 했지만 양똥이는 추웠다고 하고, 새똥이는 무서웠지만 재미있었다고 하고, 범똥이는 물총을 쏘는 게 재밌었다고 합니다. 이렇게 각자 하고 싶은 말로 쓰기 학습을 시작하는 것은 스스로의 체험에 의미를 부여하는 것과 같은 활동이지요. 나를 표현하는 것이면서 동시에 체험에 대한 서로의 느낌을 이해하고 존중하는 것을 비형식적으로 학습하는 활동이라 의미

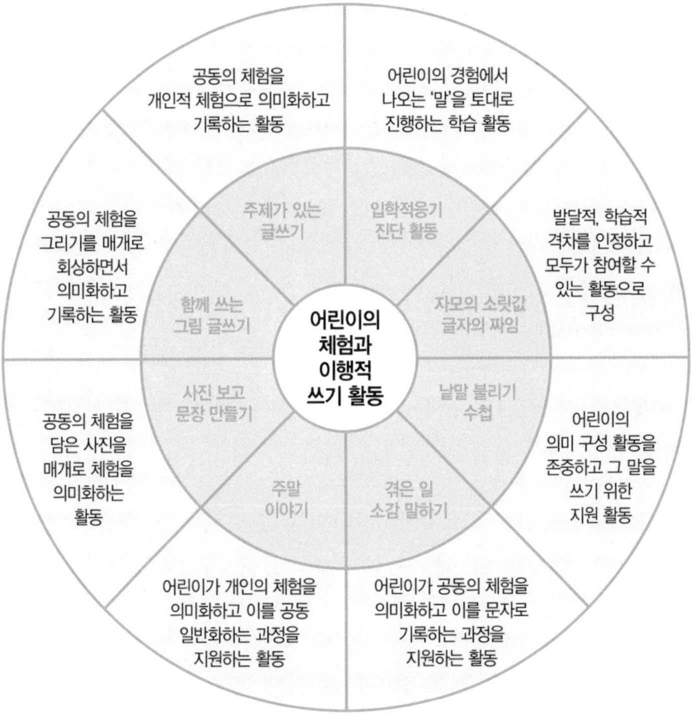

• 체험에 바탕을 둔 의미 중심 쓰기 활동 •

가 큽니다.

이는 기존의 쓰기 학습 자료들이 대부분 따라 쓰기나 베껴 쓰기, 받아쓰기 수준에 머물러 있는 한계에 대한 비판의 의미를 담고 있기도 합니다. 아이들의 삶과 체험, 느낌과 생각을 존중하는 쓰기 학습 프로그램이 절실한 시대입니다. 표준화된 하나의 답만 요구하는 쓰기 학습이 아니라, 각자의 속도에 맞게 배우면서도 나를 표현하는 쓰기 교육이 일반화되기를 꿈꿉니다. 이오덕 선생님이 거짓부렁이 글짓기가 아니라 삶을 가꾸는 글쓰기가 되어야 한다고 하셨던 것처럼요.

사회적 기능에서 심리적 기능으로의 이행

비고츠키는 인간의 모든 심리 기능은 무대에 두 번 나타난다고 말해요. 먼저 인간과 인간 사이에 사회적으로 나타나고, 이것이 개인의 내적, 심리적 기능으로 다시 나타난다는 것입니다. 인간과 인간 사이의 입말 의사소통이 혼잣말 단계를 거쳐 내적 말(말로 하는 생각)로 발달하는 것과 같아요. 이를 이행적 쓰기 활동에도 적용했습니다. 의미 구성에 어려움을 겪는 아이들을 위해 공동 의미 구성 활동을 꾸준히 배치하고, 공동 활동을 한 다음에 개별 활동을 넣어 스스로 자신의 말을 쓸 수 있도록 구성했습니다. 이를 정리하면 옆의 표와 같습니다.

사회적 기능이 정신 내적 기능으로 발달한다고 했던 비고츠키의 명언은 교실 활동을 구상하는 데 정신 내적(심리적) 기능이 발달하지 않은 아이들을 위해 사회적 기능을 강화하는 것이 필요하다는 깨달음으로 이어졌습니다. 무슨 말을 쓸지 모르는 아이들을 위해 '함께

	정신 간(사회적) 활동	➡ 이행적 활동	➡ 정신 내적(심리적) 활동
우리말 우리글 진단 활동	교사, 학생들과 함께 자모별 소리가 들어간 낱말찾기	함께 찾은 낱말을 칠판에 기록하고 읽어 보기	개인별 공책에 자모별 소리가 들어간 낱말 의미를 그리거나 쓰기
자모의 소릿값 글자의 짜임	추측하기 게임을 하면서 자모의 소릿값에 맞는 글자찾기	정답 찾기에 필요한 상위 인지 전략 매개하기	매개 활동 없이 스스로 상위 인지 전략 사용하기
낱말 수첩	다른 활동을 통해 체험에 대한 공동 의미 구성에 참여하기	구성된 의미를 담은 글말을 교사가 기록해 주기	교사의 기록을 보고 스스로 쓰기 숙달하기
겪은 일 소감 말하기	공동으로 겪은 일에 대한 소감을 나누는 활동에 참여하기	문장으로 기록하는 과정을 학생들에게 보여 주기	교사의 기록 과정에 집중하며 쓰기 과정에 간접적으로 참여하기
주말 이야기	개인 경험을 공동 일반화하여 소개하거나 청자로 참여하기	공동 일반화를 위한 매개 과정 지원하기	이야기를 선택하여 읽고 개인적 의미를 담아 그리거나 쓰기
사진 보고 문장 만들기	공동의 경험을 담은 사진 선택하고 이야기 나누기	낱말 수첩으로 글쓰기 지원하기	개인적 의미를 담은 문장을 만들어 쓰기
함께 쓰는 그림 글쓰기	공동의 경험에 관해 이야기 나누기	낱말 수첩 활용 및 정확성 지원을 위한 피드백	개인적 의미 구성에 따라 그림을 그리고 글로 쓰기
주제가 있는 글쓰기	주제에 대한 경험, 소감 나누기	낱말 수첩 활용 및 정확성 지원을 위한 피드백	개인적 의미 구성에 따라 글쓰기

• 사회적 기능에서 개인적 기능으로의 이행 구조 •

*점선 테두리와 음영 표시는 해당 활동의 초기에만 활성화되거나 상황에 따라 생략되는 활동이라는 의미임.

소감을 말해 보는 활동을 풍부하게 하면 쓰고 싶은 말이 생겨난다.' 라는 사실을 경험적으로 확인하였습니다. 이는 이행적 쓰기 프로그램에서만 유용한 것은 아닙니다. 모든 수업 활동에서 활용할 수 있는 아이디어라는 것을 교사들은 잘 알고 있을 거예요.

개똥이도, 말똥이도, 소똥이도 모두 저마다의 과업이 있어요. 받아쓰기 100점 맞았다고 끝나는 과업은 없습니다. 2019년 제가 『초등학교 1학년 열두 달 이야기』를 책으로 펴내면서 출판사에서 제안한 부제가 '교사와 학부모를 위한 교실 생태계 안내'였습니다. 교실은 다양한 생명의 숨결이 공존하는 생태계와 같다는 표현이 마음에 들었지요. 이 책 『느린 학습자와 함께하는 국어 수업』도 다르지 않습니다. 함께 존재하며 성장하고 발달하는 교실에서 글쓰기 수업을 어떻게 만들어 가면 좋을지 공부하고 실천했던 오랜 시행착오와 시간의 기록입니다. 이행적 쓰기 프로그램은 아직 완성된 것이 아닙니다. 우리가 함께 만들어 가는 것입니다. 교사와 여러 어른이 이 길에 함께해 준다면 감사하겠습니다.

꼭 그림일기가 아니어도 괜찮아

Q **그림일기를 쓰게 하는 건 언제까지가 가장 좋을까요? 혹은 그림일기가 싫다고, 그림은 그리지 않겠다는 아이가 있다면요?**

A 2015개정교육과정에서 그림일기(그림 글쓰기) 쓰기는 7월에 잠깐 나옵니다. 그림일기 쓰기 숙달을 위해 학교에서 5~10회 정도 연습을 합니다. 그리고 여름방학에는 주 2회 정도 그림일기 숙제를 내줍니다. 그리고 2학기에는 그림이 없는 글쓰기로 나아갑니다. 2022개정교육과정에서 그림일기는 1학년 2학기에 나옵니다. 구성은 2015개정교육과정과 비슷하고요.

그림일기는 그림을 통한 회상과 회상의 언어화로 그리기에서 쓰기로 가는 이행적 활동으로 보면 됩니다. 이미 쓰기가 자동화되어 떠오르는 말을 막힘없이(맞춤법과 띄어쓰기와 무관하게) 쓸 수 있는 아이들에게 그림은 부차적인 것이지요. 그런 경우 그림을 그리지 않겠다는 아이들의 의사를 존중합니다. 글로만 써도 된다고 안내하는 거지요.

한글 프로그램 이용의 장점

Q **아이의 일기를 보면 1학년 때는 맞춤법이 틀린 게 자꾸 눈에 들어오고, 좀 크니 잔소리하고 싶은 대목이 너무 많아 못 본 척하기가 어렵다는 부모들이 많아요. 아이의 일기를 대하는 부모의 현명한 태도는 무엇일까요?**

A 아이들의 글을 볼 때 먼저 내용(의미)을 봐 주세요. 그리고 그 내용에 공감해 주세요. 그것이 우선입니다. 문해력처럼 쓰기 발달에도 단계가 있습니다. 이제 겨우 소릿값과 글자의 대응을 익히고 글을 쓰는 아이들에게는 쓰는 것 자체가 칭찬받을 일이지요. 그런데 이미 쓰기가 자동화되어 쓰기 유창성이 확보되었는데도 맞춤법이나 띄어쓰기가 틀린다면 그때 고쳐 보라고 할 수 있습니다. 그러나 모든 걸 다 고치라고 하지 말고 한두 개 정도만 알려 주세요. 고쳐 쓰는 게 싫다고 하면 고쳐 쓰지는 않아도 되는데 앞으로는 이렇게 쓰면 좋겠다고 낱말 수첩 등에 적어 주는 게 좋습니다.

2학년 이상이라면 한글이나 워드 프로그램 등을 이용해 글을 쓰게 하세요. 자동으로 맞춤법, 띄어쓰기 등을 신경 쓰고 학습하게 되지요. 이를 위해서는 자판 연습이 우선이겠죠. 음성 입력이 되는 시대에 무슨 자판 연습이냐 하겠지만, 부모 도움이 없어도 자동으로 맞춤법, 띄어쓰기, 문장부호를 배우게 되고 어휘력 확장에도 도움을 받을 수 있습니다.

학습지보다 일상 소통!

Q **문해력**(리터러시)**이 유행인데요, 문해력이 정말 중요한가요? 아니라면 왜 아닌지요? 이 말이 맞는다면 저학년 때부터 할 수 있는 일 중에 아이의 문해력을 높이는 효과적인 방법이 무엇일까요?**

A 읽기와 쓰기 같은 글말은 의지적인 노력과 의식적 학습이 필요한 영역입니다. '문해력literacy'이라는 개념 역시 이런 배경에서 나왔지요. 문해력을 문자 그대로 풀이하면 '글을 읽고 이해하는 능력'입니다. 그러나 기술의 진보와 '기록'하는 매체의 변화와 더불어 문해력 개념 역시 확장되고 있습니다. 유네스코는 "문해력이란 다양한 맥락과 연관된 글과 출판물을 사용하여 정의, 이해, 해석, 창작, 의사소통, 계산(산출) 등을 할 수 있는 능력"(UNESCO, 2018)이라고 정의하고 있어요.

어린이의 문해력은 발달합니다. 그 단계를 발생적 문해력에서 초기 문해력, 기초 문해력, 기능적 문해력으로 정리하고 있지요. 발생적 문해력은 읽고 쓰는 능력의 맹아와 같은 단계입니다. 글을 읽고 쓰는 문화 속에서 성장하는 것 자체가 문해력 발생의 토대가 된다는 의미입니다. 그림책을 보면서 이야기를 꾸며 내는 것이나 누군가 읽어 준 그림책의 내용을 기억하고 있다가 비슷하게 읽는 행위, 그림 문자를 쓰거나 낱말을 따라 그리는 수준의 행동이 주로 나타납니다. 발생적 문해력은 학령기 이전에 해당하는 것으로 이런 문해 환경이 조성되지 않은 경우, 학령기의 문해력 발달이 더딜 수밖에 없습니다.

초등 1~2학년 교육과정에서는 초기 문해력과 기초 문해력 학습에 집중합니다. 즉, 2학년을 마쳤을 때 읽기 자동화와 쓰기 자동화가 완료되어야 함을 의미해요. 소릿값과 글자의 대응이 자동화되어 의식적으로 노력하지 않아도 읽고 쓰는 단계입니다. 3학년 이상이 되면 글을 읽고 사실

관계, 원인과 결과 관계, 내용 요약하기, 중심 내용 찾기 등 더 세부적인 문해력을 요구합니다. 쓰기 역시 쓰기 자동화를 넘어 시간의 흐름이 나타나게 글쓰기, 중심 문장과 뒷받침 문장으로 문단 구성하기, 글쓰기 전에 내용 조직하기, 세 문단 이상으로 글을 조직해서 쓰기 등으로 확장됩니다.

저학년 시기 문해력을 높이는 활동은 언어적 상호작용을 많이 하는 것입니다. 그림책 읽어 주기, 번갈아 읽기, 읽은 다음 소감 나누기 등을 꾸준히 합니다. 학습지가 아니라 일상생활에서 정서적 유대 관계가 있는 사람들과 하는 활동이 더 중요하지요. 이른 시기의 학습지 활동은 오히려 아이들을 지치게 합니다.

모두가 어우러져 함께 문해력을 키우는 교실

"선생님, 초등 1학년은 외계인인가요?"

초등학교 1학년을 처음 맡는 교사들에게 자주 들었던 질문입니다. 특히 고학년만 주로 맡았던 교사들은 1학년 아이들의 좌충우돌, 자기 맥락적 말하기 방식을 이해하는 데 상당히 오랜 시간이 걸립니다. 그래서 쉽게 '1학년은 자기중심적이야.'라고 이야기하지요. 자기 관점에서만 판단하고 행동하지, 주변 맥락을 고려하지 못한다는 의미일 겁니다.

개똥이가 소똥이 자리 옆의 바닥에 앉아서 실내화를 신고 있는데, 소똥이는 자리에 앉겠다고 자기 의자를 끌어내서 앉으려다가 개똥이

팔을 의자로 칩니다. 개똥이는 소똥이가 의자로 때렸다고 말하고, 소똥이는 그게 아니라고 합니다.

소똥이 맥락에서 보자면, 선생님이 이제 수업 시작했으니까 자리에 앉으라고 해서 빨리 가서 자리에 앉아야 한다는 것만 생각했지, 자기 의자 바로 옆에서 실내화를 신고 있는 개똥이는 인식하지 못한 겁니다.

개똥이 맥락에서 보자면, 쉬는 시간이 끝났으니까 실내화를 신으려고 했는데, 그곳이 바닥에 앉아서 실내화를 신을 정도로 여유 있는 공간이 아니라는 것을 전혀 파악하지 못한 것이고요.

이런 갈등이나 다툼은 교실에서 수시로 일어납니다. 그래서 사물함에 갈 때도 몇 명씩 나누어 보내고, 신발장에서 신발을 갈아 신을 때도 서너 명씩 나누어서 보냅니다. 자기 맥락만 생각하고 사물함을 열다가 혹은 닫다가 주변 친구들을 다치게 하는 일이 너무 많기 때문입니다.

이런 사건이 벌어졌을 때 교사는 '가해자'를 특정하기보다는 서로 바라보는 게 달랐기 때문에 발생한 문제임을 아이들에게 이해시켜야 합니다. 개똥이는 소똥이 입장에서, 소똥이는 개똥이 입장에서 생각할 수 있도록 하나하나 안내해 주고 마음에 억울함이 없게 풀어 주어야 합니다. 그렇게 상대 입장을 이해하는 연습을 하면서 아이들은 맥락적 이해 능력을 키워가야 하지요.

'미안해.' '나도 미안해.' 한마디 사과로 끝내 버리는 문제 해결은 맥락적 이해에 도움이 되지 않습니다.

“나는 너를 일부러 아프게 하려고 한 게 아니라 자리에 앉으려고 했는데, 개똥이 네가 거기 있는 걸 몰랐어. 미안해. 앞으로 조심할게.”

“네가 일부러 그런 게 아닌데 의자로 때렸다고 해서 미안해. 나도 소똥이 네 책상 옆에서 실내화를 신지 않을게.”

이런 맥락적 이해 연습을 많이 한 아이들이 ‘행간’의 의미를 읽는 문해력 발달의 기초를 확실하게 만들어 가는 것은 아닐까요? 요즘 아이들의 문해력이 떨어졌다고 하는 것은 타자의 맥락보다 자신의 맥락을 우선 생각하는 상황 이해 습관에서 비롯된 것이라고 보는 게 지나친 걸까요?

아이의 일반적·개별적 특성 모두 이해하기

일반적으로 1학년 어린이들은 초기 자아를 형성하는 중요한 과업을 앞두고 있지요. 속마음을 감추지 못하고 그대로 드러내는 시기를 넘어서야 합니다. 이 시기를 넘어서지 못한 아이들이 하는 거짓말은 거짓말처럼 보이지만, 진짜 거짓말이 아닐 수도 있어요. 아이 본인이 인식한 대로 표현한, 인식과 언어의 한계에 갇혀 있기 때문입니다. 그래서 이해할 수 없는 말과 행동으로 어른의 화를 돋우기도 하지요. 앞에 서서 반성하고 있으라고 했더니 코를 파거나 친구들과 눈짓하며 장난치거나 하는 행동은, 지금 상황이 어떤 상황인지 아이가 제대로 이해하지 못하거나 '반성'이 무엇인지 모르고 있을 가능성이 큽니다.

그러나 내적 자아가 형성되어 속마음과 겉으로 드러나는 말이나 행동을 분리할 수 있게 되면, 그때 아이는 진짜 거짓말을 할 수 있게 됩니다. 속으로는 하기 싫지만, 겉으로는 좋다고 말할 수 있게 됩니다. 예측하고 화를 면하기 위한 행동도 가능해지지요. '이렇게 말하면 엄마한테 혼날 테니까.' '이렇게 하면 엄마한테 칭찬받을 거니까.' 이렇게 마음속으로 먼저 생각하고 말하고 행동할 수 있게 됩니다. 이것은 '발달'입니다. 심리 기능의 질적인 도약이지요. 이렇게 내적 자아가 형성되어야 타자의 시선을 의식하고, 타자의 맥락과 지금의 상황을 이해할 수 있게 됩니다. 그래야 반성이나 성찰이 의미 있는 활동이 되는 것이고요. 내적 자아가 형성되지 않은 아이들에게 반성이나 성찰은 '그냥 눈 감고 조용히 있어라. 가만히 앉아 있어라.' 하는 행동 명령일 뿐입니다.

그렇다면 내적 자아가 형성되었다는 것을 어떻게 알 수 있을까요? 아이들의 말과 글, 행동을 통해 파악할 수 있습니다. 주말 이야기를 할 때 언제, 어디서, 누구와, 무엇을, 어떻게 했는지 청자가 이해할 수 있도록 말할 수 있는지, 자기 맥락 속에서만 이야기하는지 살펴보면 되지요. 혹은 교실에서 어떤 사건이 있을 때 맥락을 파악해서 전달해 주는지, 자기 관점에서만 이야기하는지를 보면 알 수 있습니다.

내용과 형식의 변주를 통한 반복

1학년 교실에서의 교육 활동은 기초 기본 교육입니다. 자기 생각을 말로 하는 것, 교사와 친구들의 이야기를 듣는 것, 대화하는 것, 자기가 겪은 일을 글로 쓰는 것, 경험하지 못한 세계로 자신을 확장해 주는 여러 이야기를 듣거나 책을 읽는 것은 아주 일상적인 교육 활동이에요. 그런데 말하기처럼 쓰기를 숙달해서 쓰기 유창성을 확보하고, 듣기처럼 읽기를 숙달해서 읽기 유창성을 확보하는 것은 이후 학습을 위한 마중물을 만드는 작업입니다.

숙달mastering한다는 것은 자동화한다는 것입니다. 자동화를 위해서는 반복이 중요합니다. 그러나 매일 똑같은 방식의 반복은 인간이라면 누구나 지루하다고 생각하지요. 따라서 동일한 기능을 익히는 활동을 할 때 내용이 바뀌면 형식은 같게, 새로운 형식에 도전할 때는 내용은 익숙한 것으로 시작하는 '변주'가 필요해요.

자모음자와 소릿값의 대응을 학습할 때 배우는 형식은 '소릿값 찾기, 글자에서 해당 소릿값이 들어간 곳 찾기, 공책에 쓰기, 노래로 부르기'로 같아요. 그러나 배우는 소릿값은 매시간 달라지고 소릿값이

들어간 말도 달라집니다.

덧셈과 뺄셈을 배울 때 개똥이는 여전히 2+3의 답을 구할 때 손가락셈을 합니다. 하지만 반복을 통해 숙달할 수 있도록 해야 하지요. 단순히 지문의 문제를 반복해서 풀게 하면 개똥이뿐 아니라 소똥이나 말똥이에게도 고역이 됩니다. 여러 숫자가 적힌 바구니에 모래주머니를 던져서 해당 숫자를 더하는 놀이를 하거나, 주사위를 던져서 덧셈식과 뺄셈식을 만들고 문제를 풀어 보게 하거나, 숫자 카드를 두 장 뽑아서 덧셈하고 그 값을 작은 수부터 큰 수까지 나열해 보게 하는 식으로 방법의 변화를 주는 것이 필요해요.

이렇게 내용과 형식의 변주를 통해 이미 숙달한 말똥이도, 숙달해야 하는 개똥이와 소똥이도 수업에 참여할 수 있도록 지원하는 것이 보편적 학습 설계UDL입니다. 학습지를 다르게 구성해 지원하는 방법도 있지만, 목표 기능을 중심으로 변주하는 방식도 가능하지요. 보편적 학습 설계는 우리 교실의 모든 아이에게 배움의 기회를 주는 것이 목적입니다. 그러기에 저는 우리 반 개똥이도 수업에 참여할 수 있는 방식을 늘 염두에 두고 수업을 구안합니다.

학습은 창조입니다. 어른인 우리에게는 진부하고 낡은 것이지만, 아이들에게는 모든 게 새로우므로 아이들 입장에서는 창조이지요. 따라서 학습지를 구성할 때 이 학습의 목적이 무엇인지 교사가 분명히 인식해야 합니다. 2022개정 국어 교과서의 따라 쓰기, 베껴 쓰기, 색칠하기의 목적은 무엇인지 진지하게 물어봐야 합니다. 개똥이, 소똥이, 말똥이 모두에게 지루하고 의미 없는 시간 보내기 식 활동은 아닌가, 진지하게 묻게 됩니다. 따라 쓰기, 베껴 쓰기, 색칠하기가 나쁘다는 것이 아니라 한글 해득, 소릿값과 문자의 대응이라는 목적에 맞게 구성된 학습지인지를 묻는 것입니다.

단순하고 명확한 안내와 '맥락 이해' 돕기

1학년 아이들의 작업 기억working memory을 염두에 두고 단순하고 간단하게 안내해야 합니다. 학습지에 이름 쓰기 → 교사의 확인 → 마무리 → 1번 활동 안내하기 → 개별 수행 → 교사의 확인 → 마무리 → 2번 활동 안내하기 …… 순으로 하나씩 안내하고, 개별 확인하고, 전체가 완료되면 다음 활동으로 넘어가는 방식으로 시작합니다.

학교 생활이 어느 정도 익숙해진 5월 이후에는 순서도를 만들어 활동의 흐름을 이해하게 한 다음, 개별적으로 확인해 주는 방법을 사용합니다. 예를 들며 ① 사진 고르기, ② 사진 보고 말하고 싶은 내용 생각하기, ③ 말하고 싶은 내용 문장으로 쓰기, ④ 세 문장 이상 쓰기, ⑤ 모르는 글자는 낱말 수첩으로 도움받기, ⑥ 검사받기라고 안내합니다. 모든 순서를 기억하기 어려우므로 칠판이나 화면에 이 순서를 게시하지요. 다음에 할 활동이 어떤 것인지 스스로 확인하고 진행할 수 있는 자기 주도성을 지원하는 과정입니다.

물론 개똥이는 그다음에 뭘 해야 할지 모를 수도 있어요. 칠판의 기호(순서도)를 확인해야 한다는 것을 인지하지 못하기도 합니다. 그럴 때마다 칠판을 보여 주며 몇 번을 하고 있고 그다음은 무엇을 해야 하는지 알려 줍니다. 반복하면 개똥이도 이것을 숙달하게 되지요. 아이들이 스스로 자기 속도에 맞게 학습하는 동안 교사는 개별 지도가 필요한 아이들을 지원합니다. 스스로 자신이 어떤 흐름 속에서 어떤 것을 하고 있는지 인식하는 것은 맥락을 파악하고 행동하는 데 꼭 필요한 과정이에요.

교과서나 학습지, 시험지를 처음 도입할 때도 마찬가지입니다. 교과서나 학습지의 구성, 문제를 읽는 방법, 주의점 등을 하나하나 알려 주어야 합니다. 교과서를 비롯한 모든 학습 자료의 형식, 단원 평가 같은 시험지의 형식에 익숙해지는 것은 '시험'을 잘 보기 위함이 아니라, 우리 사회의 문화적 문법을 배워 가는 과정이에요.

타자의 맥락이 도입된 '사회화된 말' 연습하기

1학년 어린이들에게 일반적인 발달 과업은 체험의 공동 일반화입니다. 다른 말로 하면 타자의 맥락을 이해하는 것, 입장을 바꿔서 생각하고 말할 수 있는 것, 나 자신의 생각에 관해 생각하는 메타 인지의 출현입니다. 이를 위해서 교사를 비롯한 어른은 타자의 맥락이 도입된 사회화된 말, 어른의 말을 할 수 있도록 아이들을 연습시켜야 해요.

화장실에서 물을 뿌린 개똥이가 물을 뿌리지 않았다고 하는 것은 진짜 거짓말이 아니라, 친구들에게 물을 뿌릴 의도가 없었다는 것을 '개인화된 말'로 표현한 것입니다. 물에 젖은 소똥이가 개똥이가 물을 뿌렸다고 말한 뉘앙스에는 '일부러, 의도적으로' 뿌렸다는 의미가 담겨 있지만, 그 의도성을 인식했기 때문에 그렇게 표현한 게 아니지요. 어른은 그 상황을 조망하고 어른의 말을 가르쳐 줍니다.

일부러 뿌린 게 아니라는 것을 확인한 다음, 개똥이는 "내가 너한테 일부러 물을 뿌리려고 한 게 아니라 손을 씻고 물을 털어 내려고 한 거야. 미안해. 앞으로 조심할게." 하고 사과할 수 있도록 한마디 한마디 따라 말할 수 있게 해야 합니다. 소똥이는 "네가 나한테 일부러 물 뿌린 게 아닌데 그렇게 말해서 미안해. 앞으로 조심해 줘."라고 말해야 합니다. 그래야 오해 아닌 오해, 거짓말 아닌 거짓말의 진실이 드러나고 진심으로 사과하게 되지요.

이렇게 타자의 맥락을 이해하는 방식을 배운 이후에야 공감과 배려가 가능합니다. 공감과 배려를 무조건 들어 주는 것으로 왜곡하는 현상은 아직 타자의 맥락에 대한 이해가 어려운 아이들에게 공감하고 배려하라고 어른들이 강요하기 때문에 나타나지요.

함께 만들어 가는 학급 문화의 중요성

학생의 변화를 만들어 가기 위해서는 학급 문화 역시 변화가 필요합니다. 먼저 교실 공간 배치에서 학급운영의 철학이 담깁니다. 교실이라는 공간에서 가용할 수 있는 자원은 한정되어 있고, 그 공간을 사용하는 주체는 교사와 학생이에요. 한정된 자원을 어떻게 활용할 것인가에 교직 경험의 노하우가 담기지요. 무엇보다 상황에 따라, 활동에 따라 변화를 줄 수 있는 공간 구성을 교사는 고민해야 합니다. 동시에 수업 시간에는 학생들이 교사만 바라보는 것이 아니라, 서로가 서로에게 함께 배우는 것이 가능한 배치를 염두에 두면서 쉬는 시간에 놀이 공간과 통행 공간이 자연스럽게 나누어지도록 합니다.

둘째, 1학년 교실에서 열두 달의 시간은 변화의 진폭이 큽니다. 1학기와 2학기가 다를 뿐 아니라 3월과 6월도 너무나 다르지요. 아이들의 놀이 양상도 다르게 나타납니다. 단순 놀이에서 규칙 기반 놀이로 놀이 양상도 바뀌고요. 정해진 규칙에 맞게 놀던 아이들이 언젠가부터 스스로 규칙을 변용해서 놀기 시작할 거예요. 혼자서 놀던 아이들이, 둘이서만 놀던 아이들이 이제 여럿이서 어울려 놀기도 합니다. 이 과정에서 다양한 갈등이 나타나고, 그 갈등을 어떻게 해결하는지에 따라 학급의 문화가 달라지지요.

셋째, 모두 참여하는 교실을 지향하되, 선택의 자유도를 높입니다. 누구나 돌아가면서 말해야 하지만 '통과'를 외칠 수 있다는 것을 알려 주면서 긴장도를 낮춰 줍니다. 그러나 하고 싶지 않을 때 하지 않아도 되는 것도 있지만, 꼭 해야 하는 것도 있다는 것을 구분해서 알려 줘야겠지요. 아이들의 말과 경험을 중요한 학습의 소재로 활용하려면 아이들 스스로 존중받고 있다고 느껴야겠지요. 무엇보다 다 똑같은 학습지, 다 똑같은 색종이보다 여러 종류의 도안, 여러 색의 종이, 여러 가지 도구를 준비해서 원하는 것을 선택하게 해 아이마다 다양성을 존중해 주는 게 필요합니다.

넷째, 수업과 생활 속에서 아이들의 이야기를 듣습니다. 어떤 문제가 있을 때 사실을 확인하고 왜 그렇게 했는지 이유를 묻습니다. '왜 숙제를 못 했어? 왜 그런 말을 했어? 왜 그렇게 했어?'라고 교사가 묻고, 아이의 맥락에서 생각하고 대화를 나눕니다. 그러면 선생님은 내 의견을 들어 주는 사람이 되지요. 물론 잘못한 것은 무엇이 잘못된 것인지 분명하게 알려 줍니다. 학교는 우리 모두가 함께 생활하는 곳이기 때문에 지켜야 할 규칙과 예절이 있다는 것을 지속해서 교육해야 하지요.

다섯째, 협력의 원리를 실현합니다. 아이들 각자의 욕구를 표현하도록 하고 특성을 존중해 주면서도 서로 도우면 더 즐거운 일, 좋은 결과가 나온다는 것을 경험할 수 있어야겠지요. 1학년 초기에는 짝과 하는 활동에서 모둠별로 협업하는 활동으로 다양화합니다. 이는 시기와 과업의 특성에 맞게 조율해야겠지요. '협력'은 서로 돕고 협동하는 외적인 행위로 한정되지 않아요. 교사의 말과 행동을 보고 따라 배우는 것, 친구들이 활동하는 것을 보고 따라 배우는 것도 모두 협력이니까요. 모둠 활동을 하다가 다툼이 일어나고 그 다툼을 해결해 가는 과정 역시 협력입니다. 아울러 학부모를 존중하며 자녀의 학교 생활에 대한 정보를 계속 제공하고 소통하는 것 역시 교육에서 중요한 협력 과정입니다. 함께 만들어 간다는 교육의 의미를 우리 모두 되새길 수밖에 없겠지요.

느린 학습자와 함께하는 교실을 위해

2012년 무렵에 흙으로 그릇을 만들고 그 경험에 관해 글쓰기 하는 수업을 열고 여러 동료 선생님과 수업에 관해 이야기를 나눈 적이 있습니다. 정년을 2년 앞둔 한 선생님께서 제게 이런 평가를 남겨 주었어요. "생각해 보니 우리 아들이 초등학교 1학년 때 일기를 쓰라고 하면 한 시간이고 두 시간이고 쓸 말이 없다고 멍하니 앉아 있었어요. 너는 글자도 읽고 쓸 줄 아는데 왜 글을 못 쓰느냐고 난 타박만 했지요. 그런데 선생님 수업을 들어보니까 너무 후회되네요. 그릇 만들기를 하고 느낀 점을 돌아가면서 말하고 그걸 바탕으로 각자 글쓰기를 하게 하고 모르는 글자는 낱말 수첩을 주면서 쓸 수 있게 도와주는 걸 지켜봤는데, 내가 선생인데도 그렇게 할 수 있다는 걸 몰랐구나, 하고요. 그때의 우리 아들한테 참 미안한 마음이 들어요."

선배 선생님의 묵직한 고백을 들으며, 말하기에서 쓰기로 넘어가도록 도와주는 이행적 글쓰기 교육 프로그램이 왜 필요한지 다시금 확신하게 되었습니다. 아이들을 위한 맞춤형 수업은 그저 정해진 경로를 따라가는 것이 아니라, 아이들의 어려움을 읽고 그것에 맞는 지원을 해주는 것이라는 것도 다시 깨달았습니다. 글을 쓰는 것이 쉽지 않지만, 그 과정에서 우리 아이들이 자기 성장을 스스로 확인하며 성취감을 느끼는 것이 무엇보다 중요한 학습 동기라는 것도 알게 되었습니다. 느린 학습자인 모든 아이와 함께 이야기하고 서로 부대끼며 같이 성장하는 교실을 꿈꿉니다.

도움을 준 책과 자료

동영상

https://youtu.be/KzDMVTlhzAA 살구쌤의 초등 1학년 첫 국어 공책

https://youtu.be/i12lhgc6evA 살구쌤의 초 1 첫 공책, 우리말 우리글 공책 만들기

해외 출판 및 저널

Brainard,P.P.(1930). The mentality of a child compared with that of apes. *Journal of Genetic Psychology,* 37, 268-92.

Köhler, W.(1925). The Mentality of Apes. (E. Winter,Trans.). Harcourt, Brace & World. (Original work published in 1917).

Luria, A. R.(1929, 1978). "The Development of Writing in the Child." In M. Cole(Ed.) 1978, 145-194.

Rymer, R. (1993). Genie: A Scientific Tragedy. HarperCollins.

단행본

교육부(2015). 『초등학교 교육과정』. 교육부 고시 제2015-74호 [별책 2]. 일러두기.

박태웅(2023). 『박태웅의 AI 강의』. 서울: 한빛비즈

비고츠키 연구회(2016). 『수업과 수업 사이』. 서울: 살림터.

유승아(2019). 초등학교 1학년 학생의 쓰기 능력 발달에 관한 단기 종단 연구. 고려대학교 박사

학위 논문.
이경화(2007). 기초 문식성 지도 내용 및 지도 프로그램 개발 연구. 한국초등국어교육, 35, 157-178.
한희정(2019). 『초등학교 1학년 열두 달 이야기』. 파주: 이후.
한희정(2022). 배움이 느린 어린이를 위한 이행적 쓰기 활동 프로그램 개발 및 적용에 관한 실행 연구: 비고츠키 아동학을 기반으로. 경희대학교 박사 학위 논문.
한희정(2023). 『비고츠키 아동학과 글쓰기 교육: 초등학교 1학년을 중심으로』. 서울: 살림터.

한국어판 비고츠키 저서 목록

레프 비고츠키, 정회욱 역(2009). 『마인드 인 소사이어티』. 서울: 학이시습.
레프 비고츠키, 데이비드 켈로그, 김용호, 배희철 역(2011). 『생각과 말』. 서울: 살림터.
레프 비고츠키, 비고츠키 연구회 역(2012). 『도구와 기호』. 서울: 살림터.
레프 비고츠키, 비고츠키 연구회 역(2013). 『어린이 자기행동숙달의 역사와 발달 1』. 서울: 살림터.
레프 비고츠키, 비고츠키 연구회 역(2014). 『어린이 자기행동숙달의 역사와 발달 2』. 서울: 살림터.
레프 비고츠키, 비고츠키 연구회 역(2015). 『성장과 분화』. 서울: 살림터.
레프 비고츠키, 비고츠키 연구회 역(2016). 『연령과 위기』. 서울: 살림터
레프 비고츠키, 비고츠키 연구회 역(2017). 『의식과 숙달』. 서울: 살림터.

메모장

3월

4월

5월

6월

7~8월

9월

10월

11월

12월

1~2월

말하기에서 쓰기로 넘어가는 교실
느린 학습자와 함께하는 국어 수업

초판 1쇄 펴낸날 2024년 9월 13일

지은이 한희정
펴낸이 홍지연

편집 홍소연 이태화 김선아 김영은 차소영 서경민
디자인 이정화 박태연 박해연 정든해
마케팅 강점원 최은 신종연 김가영 김동휘
경영지원 정상희 여주현

펴낸곳 ㈜우리학교
출판등록 제313-2009-26호(2009년 1월 5일)
제조국 대한민국
주소 04029 서울시 마포구 동교로12안길8
전화 02-6012-6094
팩스 02-6012-6092
홈페이지 www.woorischool.co.kr
이메일 woorischool@naver.com

ISBN 979-11-6755-291-4 03370

• 책값은 뒤표지에 적혀 있습니다.
• 잘못된 책은 구입한 곳에서 바꾸어 드립니다.

만든 사람들
편집 이선희
디자인 책은우주다